$LL^{55}_{.}201.$

# UN AN

## DE

# RÉVOLUTION.

IMPRIMERIE DE ÉDOUARD BAUTRUCHE,
rue de la Harpe, 90.

# UN AN

## DE

# RÉVOLUTION

## OU

## SITUATION POLITIQUE ET SOCIALE

PAR

LE D<sup>r</sup> DELASIAUVE.

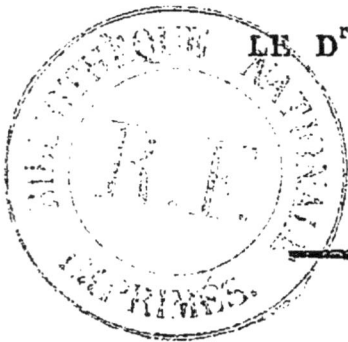

PARIS,

CHEZ FIQUET, LIBRAIRE-ÉDITEUR,

PASSAGE DU COMMERCE, 3.

—

1849

# UN AN

## DE

# RÉVOLUTION.

## I.

Après Février, la République est apparue au monde forte, enthousiaste et sereine : aujourd'hui, la France en deuil, et menacée de nouveaux orages, doute de ses propres destinées. D'où vient ce changement rapide ? cette transformation fatale ? En confiant à la publicité mes impressions, je ne veux récriminer contre personne ; la plume n'est point un poignard qui frappe dans l'ombre, mais un phare qui guide dans la nuit. Ne jugeant les événements que par leur surface sensible, l'opinion publique peut facilement s'égarer. Plus réfléchi et plus impartial, le philosophe recherche la cause des actes pour en saisir la tendance, pour en apprécier la moralité. Il trouve dans le passé l'explication du présent, et ne voit, par exemple, dans les commotions de 1848, qu'une des phases de l'évolution commencée en 89, détournée de son but par l'empire et la restauration, reprise en 1830, et qui s'achève douloureusement aujourd'hui.

La fin de l'ancien régime fut caractérisée par la tyrannie des castes et des corporations ; la pensée resta sans indépendance, l'individu sans garantie, les classes industrielles et laborieuses sans protection. 93 détruisit les entraves qui oppressaient la liberté ; mais cette grande émancipation révolutionnaire fut limitée dans ses résultats. La plaie du prolétariat naquit de l'extension de la concurrence ; ce fut avec un autre nom et sous une autre forme, la résurrection du servage. Le despotisme de Napoléon ajourna l'heure de la liberté ; Charles X conspira contre elle, et ce fut au cri de vive la Charte ! que tomba ce roi parjure.

On peut croire que Louis-Philippe, en s'emparant de la couronne, ne songeait point à la restauration du passé. N'avait-il pas tout à gagner à respecter dans ses dispositions principales la Constitution nouvelle ? Mais des exigences impérieuses allaient surgir. La lutte, concentrée d'abord dans le domaine politique, était transportée par la victoire même, sur un terrain tout nouveau : le principe de la liberté était conquis, il restait à conquérir ses conséquences. Qu'était-ce, à vrai dire, que cette égalité civile, consacrée par le pacte fondamental, si une choquante inégalité devait continuer d'exister entre les différentes conditions sociales ? La réforme politi-

que n'était-elle pas une fiction sans les réformes économiques ? Le moment n'était-il pas venu de reprendre,
pour les réaliser, les notables essais tentés en ce genre
sous la première révolution , et qui n'avaient échoué
que par le malheur des temps ?

Acceptée par quelques-uns , repoussée par une majorité considérable , cette thèse fut le germe d'une
scission profonde. Ces grands mots : liberté , égalité ,
fraternité, d'abord inscrits sur le drapeau national ,
cédèrent la place à ceux de liberté, ordre public ;
comme si la liberté et l'ordre pouvaient vivre sans
l'égalité et la fraternité. Le travestissement s'exécuta,
et l'enthousiasme de la confiance ne permit pas d'apprécier la légitimité des murmures.

Cependant l'impulsion était donnée; Louis-Philippe
eut le tort d'en méconnaître l'importance , de n'en pas
sentir l'irrésistibilité. On arrête le cours d'un fleuve,
mais on ne le fait pas remonter vers sa source ; la di-
gue emportée , le flot reprend sa marche , en entraînant
la barrière qui l'opprimait. La loi électorale fut le
premier produit de cette tâche impie , loi aveugle, qui
faisait deux camps de la France et créait entre la
classe des parias et celle des privilégiés un antagonisme
qui devait aboutir à d'inévitables déchirements. Et
chose inouie ! dans cette œuvre machiavélique, qui
d'avance ôtait aux décisions des Chambres toute autorité morale , puisqu'elles ne pouvaient plus être l'ex-

pression que d'une minorité infime, la prépondérance restait à la terre et à l'écu, l'intelligence déshéritée était tenue pour brouillonne et pour suspecte. Ici, du reste, la ruse tombait dans son propre piége, en tournant contre elle l'idée, puissance immense qu'elle aurait eu tant d'intérêt à captiver.

La restauration avait succombé pour avoir porté atteinte à la liberté d'écrire. Malgré cette éloquente leçon, la presse devint de nouveau l'objet d'imprévoyantes persécutions. Dans cette voie, le gouvernement ne pouvait éviter d'énergiques résistances. L'opposition débuta par des conspirations; elle se traduisit par des émeutes; elle aboutit au régicide; c'était logique. Un pouvoir judicieux aurait vu dans ces paris lugubres et ces tentatives répétées, les vices et la condamnation de son système; le nôtre n'y trouva qu'une occasion propice de comprimer la conscience et d'asservir la pensée. Jamais heures plus tristes ne pesèrent sur les écrivains et sur les journaux. Les lois de septembre ne suffirent plus à la répression; et la jurisprudence devint complice du pouvoir par une complaisante interprétation des textes et par des amendes équivalant à de véritables confiscations.

Ces moyens, toutefois, eussent faiblement enchaîné l'essor de l'opinion. Née de la révolution de juillet, la loi semi-libérale de 1833 sur l'instruction primaire menaçait d'émanciper le peuple. Des écoles normales s'ouvraient de toutes parts; c'était un péril pour la

réaction. Louis-Philippe le sentit, et masqué par le
zèle religieux de la reine, qui le servait à souhait, il
tendit la main au clergé. Raffermi par cette assistance
inespérée, celui-ci reprit courage et se remit à l'œuvre.
L'enseignement restreint, détourné de son but social,
livré aux prédications mystiques et aux abstractions religieuses ; les ignorantins usurpant, au préjudice des
maîtres laïques, les écoles communales des villes les
plus importantes, fondant même, au mépris des statuts
de l'ordre, des maisons d'instruction secondaire considérables ; les deux institutions primaires érigées à Dreux
et à Neuilly, par Louis-Philippe et par la reine, en-
levées, au profit des frères, à des directeurs pleins de
talents et de zèle, les couvents, redevenus à la mode,
comme au temps des Anne d'Autriche et des La Val-
lière ; dans les localités les plus humbles, dans les
moindres campagnes, l'éducation des jeunes filles
abandonnée à l'action déprimante de sœurs, pour la
plupart dépourvues de titre et dénuées de capacité ;
un million accordé d'enthousiasme au bas clergé, tandis qu'une somme égale était brutalement refusée à la
scandaleuse détresse des instituteurs, tels furent les
signes qui caractérisèrent ce retour vers le passé, les
moyens auxquels recourut le pouvoir pour préparer
une population abâtardie, énervée, docile au joug.

Corrupteur éhonté, il dominait les Chambres légis-
latives, soit en jetant incessamment, aux bancs de la
Pairie déshonorée, des créatures complaisantes, soit

en achetant aux colléges électoraux, à tant par tête,
une majorité servile : politique, d'ailleurs, non moins
ignominieuse qu'infâme ! En effet, dans ces trafics
honteux, il n'y avait pas seulement un acquéreur et
un vendu. Le marché étant à recommencer sans cesse,
préfets et ministres se trouvaient à la merci d'une bande
de privilégiés insatiables. De là ces faveurs inouïes, ces
distinctions imméritées, ces avancements iniques, ces
créations d'inutiles emplois, ces scandaleux tripotages,
ces malversations impunies, indélébile flétrissure de ce
règne calamiteux !

D'autre part, le gouvernement craignant de trouver
dans la garde nationale, sinon une hostilité ouverte, du
moins un appui douteux, accrut de jour en jour l'effectif des corps armés. Des postes redoutables par la position et le nombre furent établis sur divers points de la
capitale ; puis saisissant avidement un bruit de guerre
pour voiler une arrière-pensée liberticide , jetant aux
dupes qui s'en contentent le fantôme de l'invasion et
les dates néfastes de 1814 et 1815, il escamote le vote dés
Chambres, et élève, aux yeux de la France stupéfaite,
une monstrueuse ceinture de fortifications, gouffre où
s'engloutit sa fortune, et où Louis-Philippe se flatte
d'étouffer ses libertés (1).

_____

(1) Non seulement on attribua à cette fondation, contre les
éventualités d'une invasion , une utilité parfaitement chiméri-

Réaliser par la ruse ce que Charles X avait entrepris par la violence, tel était le but de son orgueil. Et si l'on s'en fut tenu à la superficie des choses, on aurait pu croire au succès. Nul monarque européen n'avait jamais semblé plus habile et plus sage. La Cour des pairs, sénat d'esclaves, ne faisait qu'enregistrer ses volontés. Des élections corrompues avait surgi une représentation vénale ; les partis extrêmes avaient divorcé avec la violence ; l'émeute avait cessé de gronder dans nos rues ; plus de balles régicides, et si, à Paris les sympaties chancelaient, en province la nécessité d'obtenir justice, protection ou faveur avait amené un découragement général et d'innombrables défections dans le camp libéral, réduit aux seuls puritains.

Mais cette sécurité artificielle voilait l'abîme. Louis-Philippe, malgré ses profonds calculs, méconnaissant

que, mais encore on ne se rendit pas exactement compte du véritable danger qu'elle comportait. On disserta sur la portée des bombes et des boulets, et l'opinion fut suffisamment rassurée, en songeant que les projectiles lancés des forts ne devaient atteindre que les dernières maisons des faubourgs ; comme si, en supposant même les canons et les mortiers non transportables, le voisinage d'une armée nombreuse et de bastions foudroyant les routes par des feux croisés, n'offrait rien de menaçant. Oh ! si Louis-Philippe, la personnification de la paix à tout prix, n'avait craint que les étrangers, les fortifications seraient encore à construire, et il n'eut pas mis tant d'empressement à sacrifier les plus beaux arpents de ses parcs pour en favoriser l'édification !

les indications du présent, s'en était tenu aux traditions du passé; il n'avait pas même entrevu la sérieuse transformation qui s'accomplissait chaque jour au sein de la petite bourgeoisie et de la classe ouvrière ; l'une commençant à comprendre l'importance des droits politiques par le profit qu'en tiraient les privilégiés, l'autre avançant, à pas pressés, dans la voie des idées sociales : mouvement des esprits que secondait une presse active et qui acquérait une puissance irrésistible.

Le rôle du *National* et des autres organes républicains a pu être apprécié de tout le monde; bien peu ont compris l'influence voilée, mais envahissante et décisive des publications socialistes. C'est d'abord le Saint-Simonisme qui se produit avec éclat. La simplicité de ses formules, l'attrait de ses prédications, ses riantes perspectives séduisent les âmes sympathiques et les imaginations rêveuses. On court en foule aux réunions; des adeptes surgissent de toutes parts, à Paris et dans les provinces. Ce facile triomphe ne fera, du reste, qu'accélérer sa chute; il tombera sinon prématurément sous les coups d'un pouvoir qui ne peut souffrir un État dans l'État, du moins par le vice même de son principe. L'organisation hiérarchique sur laquelle il s'appuyait était, au fond, ce qu'il y a de plus antipathique à la liberté ; ses prétentions religieuses et ses conceptions mystiques le vouaient d'autre part au ridicule. Il disparut, mais en laissant dans le champ de l'avenir une trace féconde et lumineuse. Jamais plus vifs aperçus n'avaient éclairé les questions économiques, et pour la première fois se trouvait posé ce problème d'une actualité terrible : « Amélioration morale et matérielle de la classe la plus nombreuse et la plus pauvre. »

Plus humble dans son origine, plus réservée dans ses promesses, moins radicale dans ses procédés, la théorie de Fourrier apparut presque en même temps. Le nouveau constructeur social allait du simple au composé. Pour associer le capital, le travail et le talent, il ne demandait qu'une petite commune, une *unité* modèle, afin d'entraîner par l'exemple les particuliers à s'organiser en phalanstère et l'autorité à favoriser ces associations. Fourrier, d'ailleurs, n'avait pas seulement pour but de donner un emploi régulier à des forces trop souvent inertes ou réciproquement hostiles; il étendait à toutes les existences le lien d'une intime solidarité. Le travail accompli librement, en groupes, par séances courtes et variées, d'une fatigue faisait une distraction et un plaisir. Cependant, de telles élucubrations ne pouvaient saisir inopinément la multitude. Une étude approfondie, une recherche assidue pouvaient seules faire bien comprendre la relation de ces trois termes : *travail, capital* et *talent*; la possibilité de leur application et les conséquences avantageuses qui devaient en découler. Comment, d'ailleurs, avec nos mœurs, nos préjugés, nos tendances paresseuses et frivoles, espérer qu'on pourrait trouver, dans notre société moderne,

assez d'aptitudes évangéliques et de vocations généreuses pour les travaux pénibles, les œuvres rudes et
répugnantes? La conception de Fourrier avait le malheur enfin de reposer sur une nomenclature aussi com-
pliquée qu'étrange, et de prendre son point de départ
dans une cosmogonie qui semblait elle-même le produit
d'une imagination en délire.

Cet aspect inoffensif de l'école fourriériste lui permit
d'exercer sa propagande sans opposition. L'avortement
de l'essai tenté par M. Baudet-Dulary vint ajouter
encore à cette tolérance. Comment craindre l'action
d'une doctrine dont le sens pratique échappe à la foule
et que baptise l'insuccès? En effet, ce ne fut que lentement et par les efforts inouïs de rares prosélytes, que les
idées phalanstériennes, exposées longtemps dans des
brochures inaperçues, obtinrent le bonheur et l'appui
d'une publicité quotidienne. Leur influence, toutefois,
fut immense sur les progrès de la science. Le Saint-
Simonisme avait esquissé le sujet à larges traits; le
fourriérisme en explora toutes les profondeurs. Il n'est
guère de questions de détail, de l'ordre économique,
administratif ou moral, qui, soigneusement traitée dans
le vaste répertoire de ses écrits, n'ait reçu une solution
satisfaisante et pratique.

Le communisme vint ensuite; il eut son autel, ses
adeptes, sa part d'action; mais son influence resta loin
de celle du Saint-Simonisme, avec lequel l'appel direct
aux appétits lui donne tant d'analogie. L'égalité absolue

dans la répartition des richesses et des produits du travail parut une chimère même à la masse qui conçoit la
rémunération suivant les œuvres. Comment, en effet,
sans une angélique perfection, que la nature humaine
ignore, mener jamais une telle doctrine à l'application ?
Où trouver ailleurs que dans l'Évangile une égale répartition entre l'ouvrier de la dernière heure et ceux qui
ont supporté tout le poids du jour ? Ce vice du point de
départ restreignit la propagation de cette doctrine et
laissa l'autorité indifférente à ses progrès.

D'innombrables ramifications se rattachent au centre
commun que ces trois branches ont formé. Beaucoup de
penseurs, restés libres dans leur allure, ont abordé à
leur manière les problèmes sociaux. Des milliers de
brochures et d'articles, où la cause sociale était défen-
due, développèrent à petit bruit l'instruction politique
du peuple, et l'on vit, par un étrange phénomène, la
population infime et déshéritée s'éprendre des choses
de l'intelligence, tandis que les autres classes, ab-
sorbées dans les intrigues parlementaires et dans leurs
habitudes d'aveugle routine, faisaient fi de l'utopie qui
devait les frapper au cœur.

Il n'existait pas, nous l'avons dit, d'uniformité dans
les systèmes. De notables divergences séparaient Pierre
Leroux, Buchez, Considérant, Proudhon, Louis Blanc,
Jules Lechevallier, Dupoty, Lamennais, Emile Bar-
rault, les démocrates avancés et les socialistes. Mais en

désaccord sur les moyens, en opposition d'idées, on s'entendait du moins sur le but, c'est-à-dire sur la nécessité de modifications radicales dans l'organisation politique et civile, et même sur quelques éléments principaux : la réforme électorale, l'éducation gratuite et professionnelle à tous les degrés, la création d'une banque hypothécaire et des caisses de retraite.

Tel était l'état des esprits aux derniers jours de la monarchie constitutionnelle. D'un côté, un peuple ardent comme la lave, calme comme la force, pénétré profondément de ses droits et de ses devoirs, attendant l'heure et la destinée ; de l'autre, un pouvoir aveugle, une bourgeoisie ignorante, qui, comme l'inquisition d'autrefois, souriait d'incrédulité à ces mots terribles des Galilées modernes : *Et cependant elle marche !*

A quoi servirait de rappeler le concours providentiel de circonstances où s'abîma la dynastie Orléaniste ? Ces événements sont connus : le peuple, cette fois, ne devait pas obéir à des meneurs ; car les sociétés secrètes avaient disparu. En effet, à quoi bon des trames occultes quand la conscience de tous conspirait ? La grève des charpentiers fut un éclatant symptôme de cette communauté sympathique de sentiments, et l'on ne vit pas sans surprise, pendant six semaines, l'attitude pacifique de cinq mille ouvriers unis étroitement par une pensée de responsabilité solidaire, et la résignation de tant d'autres corporations qui ont dû souffrir, par contre-coup, d'une inaction aussi prolongée.

Néanmoins la royauté pouvait encore éviter l'abîme;
des concessions opportunes eussent éloigné le péril,
l'auraient conjuré peut-être. Mais non : les temps étaient
marqués. La Cour saisie de ce vertige qui précède les
grandes catastrophes, sourde à tous les avertissements,
en proie à un entêtement stupide, ne voyait pas monter le
flot menaçant des partis que rapprochait, comme au
temps de Charles X, une indignation commune. Sub-
mergé par la corruption, miné dans ses supports par
une longue série de procès scandaleux et d'odieux cri-
mes, le trône de juillet, à propos d'un banquet interdit,
devait crouler en quelques heures, et le prince qui l'oc-
cupait, s'enfuir honteusement comme un malfaiteur,
poursuivi par les malédictions universelles, les accusations de sa propre famille et les cris de sa conscience
épouvantée.

Mais à quoi bon insister sur cet enchaînement de
fautes fatidiques ? Louis - Philippe pouvait rendre
la France glorieuse et prospère ; il la conduisit par son
égoïsme, à la ruine et à l'abaissement : mais on n'insulte pas impunément à la vertu d'un grand peuple :
Claremont punit aujourd'hui cette trahison de 18 années. Ce qu'il importe d'apprécier, c'est la situation
que nous a faite la révolution de Février, les difficultés
qui en découlaient et les moyens employés pour les
combattre et en triompher.

## II.

Fous ceux qui s'imaginent que cette révolution provient d'un coup de main opéré par surprise ! Leur erreur a été la cause de nos périls. Le dilemme était posé par la providence : un changement profond dans la direction des affaires ou une crise inévitable. Les hommes en possession des places et des honneurs, voyant l'ordre dans la rue, le supposaient dans les esprits, et croyaient à la prospérité commune. La réalité était autre. Le commerce aux abois, l'industrie paralysée, la misère partout : en 1847, 66,000 ouvriers, chômant pendant 7 mois ; 37,000 bras inoccupés encore, quand éclata la révolution, bien qu'à la disette des vivres eût succédé l'abondance ; la ville endettée de douze millions, ce qui grevait son budget d'une rente de 600 mille francs et appauvrissait d'autant son fonds de secours annuel, sacrifices impuissants d'ailleurs, en présence de toute une population incertaine du lendemain, oisive, affamée; telles étaient les grandes conditions désorganisatrices de ces heures néfastes.

Et comment eut-on empêché ces populations déshéritées et souffrantes de sympathiser avec les hommes généreux, qui cherchaient avidement le remède à une misère dont ils avaient compris les angoisses et sondé la profondeur ? Etait-ce une loi fatale que cet abaisse-

ment continu des salaires, que ces chômages de plus en
plus fréquents , qui , en éternisant la pauvreté, décou-
rageaient la bienfaisance et menaçaient l'avenir ?

Ce n'est pas que les éléments du travail public vîns-
sent à manquer. Les lignes de chemins de fer, une foule
d'entreprises d'utilité générale pouvaient défrayer longtemps les bras du peuple. Malheureusement, l'agio
avait paralysé le crédit, détruit les fortunes, jeté en
liquidation ou mis en péril une foule de maisons na-
guère opulentes, A la Bourse, toutes les valeurs avaient
subi une dépréciation notable. Le 5 p. 0/0, après s'être
élevé à 124 fr. , oscillait depuis une année entre 114
et 116. Les actions de chemin de fer, si recherchées au
début, étaient dédaignées. Les compagnies n'osaient
faire leurs appels de fonds : celles de Bordeaux à
Cette, de Lyon à Avignon, avortaient avant de naître.
L'État, enfin, à bout d'expédients, ne pouvait que bien
difficilement négocier un emprunt de 250 millions.

La secousse révolutionnaire de Février ne créa point
le mal, elle ne fit que le rendre plus évident et plus impérieux. Mais comment le guérir? Dans quelle voie
s'aventurer? Que tenter? Que faire? Nous l'avons dit,
il ne s'agissait plus d'un combat dynastique , d'une
simple lutte de prérogatives et de liberté ; il s'agissait
du sort des masses souffrantes ; il fallait assurer à
l'homme valide le travail qui fait vivre, au vieillard et
à l'infirme les bienfaits d'une prévoyance sociale judi-

cieusement organisée. Cette tâche, si facile à accomplir
avant la lutte, quand la moindre amélioration pouvait
paraître une insigne faveur, devenait périlleuse après
la victoire; en effet, le droit était revendiqué par la
toute-puissance. Maître de Paris, d'où l'armée et la
force publique étaient bannies, plein tout à la fois de
résolution et de défiance, le peuple n'entendait abdi-
quer qu'au moment où une constitution démocratique
aurait irrévocablement fixé ses destinées.

En face de ces exigences souveraines et de ce problème immense, on conçoit ce qu'il fallait aux gouvernants de suprême habileté, soit pour ne pas trop
concéder, ce qui aurait engagé l'avenir, soit pour ne
pas trop refuser, ce qui aurait instantanément livré le
pays à des commotions terribles. Le Gouvernement
provisoire était composé de patriotes ardents, d'hommes
remarquables. Tous avaient honorablement figuré à la
tribune et dans la presse : mais cela suffisait-il ? Des
intentions droites, une loyauté chevaleresque, un talent considérable, pouvaient-ils tenir lieu de lumières
certaines, de convictions arrêtées, de données pratiques
auxquelles conduit un examen approfondi des institutions sociales, une longue expérience des hommes et
des choses ? Là fut l'insuffisance, là fut l'écueil.

Cette alliance de qualités désirables se rencontrait à
la vérité dans le vénérable Dupont (de l'Eure) : personnification des plus hautes vertus civiques, la puis-

sance du bon sens s'alliait en lui à l'inflexibilité des
principes; mais l'âge, respectant ses idées, avait ralenti
ses forces, et il ne pouvait plus guère offrir au Gouvernement provisoire que le secours de son glorieux patronage.

M. Arago, savant profond, n'était point un homme
d'État. Bien placé à la guerre ou à la marine, où l'ap-
pelaient des connaissances spéciales, partout ailleurs
les conditions nécessaires lui manquaient. Il était, au
reste, permis d'appréhender que, méconnaissant l'urgence des questions nouvelles, il ne mît au service de
ses antipathies, contre ceux de ses collègues qui les
avaient étudiées, ses habitudes despotiques de l'Aca-
démie des sciences.

Des considérations du même ordre s'appliquaient à
MM. Crémieux et Marie, admirables diseurs, dont la
révolution avait dépassé les espérances et qu'effrayait
leur fortune même.

Probe, bienveillant et laborieux, clair dans ses discours, Garnier-Pagès s'était fait écouter avec faveur de
l'ancienne chambre ; il traitait les questions de finances
avec quelque aptitude et une certaine lucidité; souvent
aussi, au sein des débats parlementaires ou dans des
réunions politiques, son indignation d'honnête homme
s'était traduite éloquemment contre la duplicité ministé-
rielle et les hontes de la monarchie. Mais de telles
conditions suffisaient-elles à l'accomplissement d'une
tâche pleine de périls ?

Le doute ne semblait pas permis à l'égard d'Armand Marrast. Cet écrivain éminent, depuis la mort de Carrel, avait tenu le sceptre du journalisme. Qui pouvait mieux organiser la république que celui qui n'avait cessé de la proclamer? Et cependant la république de Février n'était déjà plus celle de M. Marrast. Vingt-quatre heures avaient suffi pour mettre entre ces deux républiques un intervalle immense : l'ère sociale était advenue, et M. Marrast, vaillant général et stratégicien habile, avait eu le tort pourtant de se maintenir sur un autre terrain. *Le National* s'était abstenu de traiter les questions sociales, sous prétexte que leur solution était subordonnée à celle des questions purement politiques : il en résultait que cette feuille, politiquement très-avancée, était, sous l'autre rapport, plus arriérée que les organes mêmes de la monarchie. M. Marrast, pour s'élever à la hauteur de sa mission, avait donc à faire un apprentissage dont la France courait risque de payer les frais assez cher. L'énergique démocrate n'emporterait-il pas, d'ailleurs, dans le Gouvernement provisoire les bouillonnantes passions et les ardeurs militantes du journaliste ?

Je n'insisterai ni sur M. Albert, qui, par ses antécédents et sa position, exprimait le véritable caractère du mouvement républicain, ni sur M. Flocon, qui, ayant su, dans la rédaction de *la Réforme*, fondre l'élément politique et social, faisait présager un esprit net, judicieux et pratique. Venons aux figures saillantes, à

MM. Lamartine, Ledru-Rollin et Louis Blanc. Chez
M. de Lamartine, a-t-on dit, le génie [du poète nuit
au sens gouvernemental : calomnie accréditée par les
routiniers à vues étroites qu'offusquait son éloquence
parlementaire. Doué d'une faculté puissante d'analyse,
Lamartine, dans un temps calme et régulier, eût été
certainement un grand ministre; le sentiment l'avait
parfois égaré, mais le plus souvent il avait traité avec
une rare pénétration les questions générales ou parti-
culières : c'était en beaucoup de points l'homme de la
circonstance. Ascendant de la parole, élévation du
caractère, universalité de la réputation, une origine
élégante, des goûts aristocratiques et des sympathies
avancées, lui assuraient, à l'étranger comme en France,
une confiance entière et le plus étincelant prestige.
Comment le peuple n'aurait-il point honoré l'écrivain
consciencieux et hardi qui venait de réhabiliter, dans
son admirable livre des Girondins, les grands acteurs
de nos premiers drames révolutionnaires? Malheureusement, il est des choses qui ne s'improvisent pas, qui sont
impossibles même au génie. Livré au culte de la poésie
et à l'étude de l'histoire, M. de Lamartine était resté
étranger aux recherches de l'économie moderne; il
n'avait sondé ni les dispositions des travailleurs, ni
leurs maux, ni les moyens d'y mettre un terme; il ne
connaissait qu'imparfaitement le mécanisme de notre
organisation financière, juridique et administrative;

de là, des fluctuations inévitables et des erreurs com-
promettantes.

Moins renommé que M. Lamartine, M. Ledru-
Rollin avait plus que lui l'intelligence populaire. Pour
quelques-uns, ses opinions démocratiques n'étaient pas
sincères ; mais rien n'autorisait une telle défiance.
Dans sa vie, vouée à la propagation révolutionnaire,
se rencontrait une constante unité ; les banquets mêmes,
dont on l'avait si maladroitement exclu, avaient agrandi
son auréole, car il avait su se montrer, en cette circonstance, énergique et conciliant tout à la fois. M. Ledru-Rollin, au reste, n'était pas seulement un brillant
orateur, c'était encore un écrivain de mérite, et dans
divers recueils fondés par lui, il avait abordé avec un
succès réel plusieurs sujets élevés. De semblables
conditions promettaient à la république un concours
d'autant plus précieux que Ledru-Rollin était l'idole
des vainqueurs ; trop heureux si un vernis d'exagération et une position personnelle embarrassée n'eussent
affaibli son autorité et alimenté la malveillance !

Quant à M. Louis Blanc, son identification avec les
masses était peut-être plus complète encore. Publiciste
élégant, incisif, plein de style et de verve, artiste en
même temps que logicien, de mœurs douces et honnêtes, alliant toute la précoce maturité des études sérieuses aux incitations enthousiastes de la jeunesse, on aurait pu dire de lui ce que Béranger avait dit de Manuel :
« bras, tête et cœur, tout était peuple en lui, » si à l'é-

nergie morale la moins incontestable, il eut joint cette force physique qui commande. La presse militante avait trouvé en Louis Blanc un vaillant soldat, les idées réformatrices un ardent apôtre. Peintre éloquent, il avait tracé dans son organisation du travail un tableau saisissant des maux de la concurrence et un plan approfondi pour y mettre un terme. Son *Histoire de dix ans* fut une protestation contre les turpitudes d'un régime démoralisateur ; enfin dans les volumes parus de son *Histoire de la Révolution française*, où, rival de Lamartine pour la magie de la forme, il le surpasse pour l'exactitude des faits et la puissance des discussions, il avait savamment montré, à travers l'évolution tourmentée des événements, la marche continue et l'avénement imminent de la période humanitaire. Par malheur, M. Louis Blanc, tout en ayant le sentiment des besoins à satisfaire et la volonté d'y pourvoir, n'était qu'homme de cabinet, et quoique ses études lui eussent appris jusqu'où pouvait s'étendre le choc des passions mises en mouvement, comme on se persuade aisément ce qu'on désire, il allait à son tour infailliblement éprouver des résistances inattendues, se heurter aux mêmes difficultés que Law dont il avait si judicieusement approfondi le système.

Tels étaient les membres du Gouvernement provisoire. L'incohérence de vues, l'absence de principes communs, l'opposition de doctrines, l'inexpérience

gouvernementale qui caractérisaient cette réunion d'hommes remarquables, devaient nécessairement produire de
déplorables tiraillements ; paralyser l'action générale,
empêcher les résolutions importantes ou favoriser les
mesures funestes.

Un seul homme peut-être n'eût pas manqué à la
tâche. Subtil , universel, d'un esprit actif , fertile en
combinaisons, cet homme, demeuré en dehors du pouvoir, était le rédacteur en chef de *la Presse*. M. Emile
de Girardin avait surabondamment prouvé sa double
aptitude à la politique et aux affaires. Il avait conçu et
mené à fin des entreprises scabreuses sans doute, mais
originales ; compliquées, grandioses. Nul n'avait jeté
un regard plus pénétrant sur les diverses branches de
notre administration , sur notre exploitation agricole,
sur notre organisation industrielle et commerciale, dont
une étude spéciale de 15 années lui avait permis de signaler les défectuosités et les besoins. Familier avec
toutes les théories, il se sentait assez fort pour repousser ce qu'elles avaient d'utopique , assez habile pour
réaliser ce qu'elles avaient d'applicable. Aussi ne se
grandissait-il pas intempestivement ; lorsque, dans l'or-
gueilleuse conviction de sa supériorité , il demandait
seulement dix heures de dictature.

Pourquoi faut-il que toute médaille ait son revers ?
Avec de si rares qualités, cependant, M. Emile de Girardin n'a pu réussir à inspirer la confiance à ceux mêmes qui estiment le plus son talent. On se fatigue à le

suivre dans ses voies tortueuses ; quelles sont ses convictions politiques, son drapeau, ses affections ? Un froid calcul ne lui tient-il pas lieu des inspirations sympathiques et des émotions généreuses ? ou plutôt sa conduite n'est-elle pas soumise à un calcul ? Enigme pour tous et vraisemblablement pour lui-même. Son bonheur réside, dit-on, dans le culte de sa personnalité , dans l'orgueil de lui-même. En tout cas, il a de singulières voluptés. D'abord partisan secourable de tout pouvoir qui commence , il l'accable de conseils qu'il prévoit ne devoir pas être écoutés , puis il le harcelle jusqu'à ce qu'il tombe, afin de lui jeter une dernière fois pendant l'agonie les prédictions qu'il a faites. Génie satanique , sa jouissance suprême est le moment où il voit son adversaire abattu sur des ruines , fut-ce même celles de la patrie !

## III.

Voilà pour les hommes. Apprécions maintenant les actes. Le Gouvernement provisoire débuta par la proclamation de la République, sauf toutefois ratification de l'Assemblée constituante. Cette réticence, qui pouvait s'expliquer par la crainte d'empiéter sur les droits du pays, n'en était pas moins grandement impolitique. Le peuple aime les allures nettes et les décisions hardies ; or, c'était au moins de la timidité si derrière cette mesure ne se cachait pas une pensée réactionnaire. C'était se rendre gratuitement suspect en brisant entre mandant

et mandataire cette harmonie qui faisait leur force commune. L'instinct de la multitude ne s'y trompa pas ;
aussi dut-on, sous l'influence de sa pression, souveraine
alors, admettre la forme républicaine comme définitive.

Pourquoi, en effet, si cette forme était jugée la meil-
leure, l'aurait-on exposée aux chances d'un scrutin
dont l'inexpérience de la majeure partie des électeurs
permettait de redouter l'issue? A quoi bon, quand il
importait de décourager les partis vaincus sous le poids
des faits accomplis, ranimer ainsi leurs espérances, favoriser les intrigues et préparer parmi nous de fatales
divisions. L'idée avait triomphé et la victoire avait
tranché la question ; après tout, le doute était-il possible ? Devait-on laisser, si étroite qu'elle fût, une voie
ouverte à la restauration de la royauté, quand, pour la
troisième fois, cette royauté succombait sous l'effort
populaire, que tous les trônes chancelaient en Europe?
Une autorité tutélaire eut-elle été l'objet d'une répul-
sion aussi constante, aussi générale? La monarchie
consacre le privilége ou, ce qui équivaut, l'oppression ;
c'est là sa faiblesse, son vice originel, et contre elle,
l'insurrection, qui peut n'être pas toujours prudente, est
du moins toujours légitime. La force d'une République
bien assise tient à des conditions tout opposées : chacun
avec elle, est de race souveraine, et le pouvoir se donne
nécessairement alors à la supériorité du talent comme
à l'élévation de la vertu. Libérée du joug, la nation
rentrait donc, par la Révolution de Février, en possession

de sa forme naturelle qui, unissant le droit au fait, ne pouvait plus être détruite que par une violence coupable. Mais ces considérations ne s'étaient point offertes à l'esprit des hommes éminents dont se composait le Gouvernement provisoire. Car on peut dire que si la révolution les avait trouvés préparés, la République, si soudainement sortie des barricades, les avait surpris par son avénement providentiel.

Quelles seraient les couleurs nationales? Ce point faillit devenir cause d'une scission profonde. Les uns voulaient le drapeau rouge : c'était celui de 93, mais auquel s'attachait une idée de guillotine, une odeur de sang ; les autres voulaient le drapeau tricolore, en rappelant qu'il avait glorieusement fait le tour du monde. On sait les héroïques paroles de M. Lamartine et l'effet magique qu'elles produisirent. Un mot éloquent valut mieux qu'un combat, et le sentiment l'emporta sur les principes, sans paraître pourtant les vaincre.

Un cas plus épineux se présentait. Par la dispersion des troupes et la fuite des gardes municipaux, Paris se trouvait dépourvu de forces régulières et sous l'unique sauve-garde de la population victorieuse. Jamais, à vrai dire, la sécurité individuelle n'avait été plus respectée que dans ces jours d'indépendance ; mais cet état de choses ne pouvait être que transitoire : on avait justement hâte de rendre les gardes nationaux et les ouvriers à leurs habitudes paisibles. Or, le peuple réclamait l'éloignement de l'armée, non qu'il se méfiât des braves soldats qui fraternisaient alors dans ses rangs. Emu encore des périls auxquels il venait d'échapper, il désirait prévenir jusqu'à l'apparence de leur retour.

Cette exigence était grave ; le gouvernement la jugea légitime. Par un ordre du jour motivé, il déclara formellement l'armée inapte à la répression des troubles civils, attendu qu'astreinte à l'obéissance passive et dans l'impuissance souvent d'apprécier les circonstances dans lesquelles elle devrait ou non s'abstenir, elle se verrait exposée ou à enfreindre la discipline ou à servir d'instrument à l'oppression. Les patriotes étaient invités d'ailleurs à ne point déposer les armes avant l'entière consolidation de la république. Un corps spécial, composé de volontaires républicains, fut appelé à remplacer les municipaux et les sergents de ville, définitivement licenciés. A ce corps unique, placé sous l'autorité directe du gouvernement et limité en nombre, devaient être adjoints vingt-quatre bataillons de garde mobile, qui, unis à la garde nationale, obéiraient au même commandant en chef. Celle-ci, du reste, recevrait un accroissement considérable par l'adjonction d'une foule de citoyens qui s'en étaient trouvés jusqu'alors exclus.

Une telle combinaison semblait féconde en avantages. La garde nationale, fortifiée par l'élément populaire et considérablement augmentée dans son effectif, ne pouvait manquer, aux jours de péril, d'offrir un concours plus efficace. La garde mobile, c'était l'armée de l'intérieur, l'armée civile et militaire tout à la fois, armée recrutée dans le peuple, mêlée avec lui et ne cessant pas de lui appartenir. Tous les ouvriers désœuvrés et bruyants, qui grouillaient sur les places publiques, allaient naturellement remplir ses cadres et puiser, dans les habitudes d'une discipline exacte, tous les éléments qui font les bons soldats sans cesser de faire les bons citoyens.

«Plus d'exploitation de l'homme par l'homme, vivre en travaillant, » telle était depuis longtemps la devise des classes ouvrières, devise résumée en ces termes : droit au travail, modération dans le travail. Expression d'une intolérable souffrance, il était naturel que son objet devînt le prix du combat dont elle avait été le mobile. Le Gouvernement provisoire sentit l'obligation et s'y conforma; il reconnut aux travailleurs le droit d'obtenir de l'ouvrage ou une indemnité de l'État dans les chômages forcés, et admit une limite maximum des heures de travail.

Une différence cependant doit être faite entre ces deux mesures. Convenablement interprété, le droit au travail n'était susceptible que de conséquences heureuses. Dans le présent, c'était, par quelques sacrifices dont la dotation royale couvrait la majeure partie, ôter tout prétexte à l'effervescence; c'était, dans l'avenir, contraindre les gouvernements à une activité féconde et inaccoutumée, afin de procurer aux bras inoccupés dans l'agriculture et l'industrie un emploi qui ne fût pas onéreux au trésor public. Les dépenses en tout cas pesaient sur la nation entière.

La limitation des heures ouvrières ne répondait pas aux mêmes exigences ; elle pouvait être tout autre dans ses résultats. Basée sans doute sur des principes charitables et fraternels, que le code politique de l'avenir devra inscrire à sa première page, son application était malheureusement prématurée et par cela même imprudente. Du moins, dans l'extension qu'elle reçut, en affectant les transactions en voie d'exécution, elle tendait à compromettre une foule d'intérêts particuliers, à entraver notre commerce, à en gêner au dehors le développement. Soumettre toutes les professions à cette espèce de lit de Procuste, constituait également un inconvénient notable.

Toutefois, si la limite des heures du travail mérite une juste critique, elle est loin d'avoir produit tout le mal qu'on lui attribue. En réalité, elle fut moins nuisible à l'industrie qu'aux hommes qui, en décrétant une telle mesure, fournirent un prétexte à des clameurs intéressées ou aveugles. C'est la crise financière qui, presque seule, a déterminé la stagnation des affaires, la dépréciation des cours publics, la fermeture des ateliers privés, et par suite l'encombrement des ateliers natio-

naux. Or, cette crise financière est exclusivement due
à la suspension des paiements de plusieurs maisons de
banque importantes : la liquidation Gouin fut le signal
de la débâcle, que des erreurs regrettables et de déplorables malentendus n'ont fait qu'aggraver.

La nécessité capitale, suprême, eût été d'obvier à
ces désastreux résultats ; mais les membres du Gouvernement provisoire manquèrent ici de décision et de
prévoyance. Parce que la révolution de Février avait
été sainte et morale, accueillie sans efforts, consacrée
par l'assentiment universel, ils crurent qu'elle s'établi-
rait sans secousse ; ils ne comprirent pas qu'un changement profond dans les institutions occasionne dans
les intérêts une perturbation correspondante ; qu'il importait, à tout prix de soutenir le crédit ébranlé, et
d'opposer enfin à des besoins urgents des ressources
extraordinaires. Divers moyens s'offraient : un emprunt, le recouvrement anticipé d'une partie des contributions de l'année, un impôt forcé ou une création
de valeurs mobilières.

En l'état de la place, un emprunt n'était guère praticable : il en avait été souscrit un six mois auparavant,
qui n'était pas encore complétement couvert.

L'anticipation sur les contributions ne résolvait pas
la difficulté ; elle l'ajournait à quelques mois et l'aggra-
vait peut-être en altérant la fin de l'exercice, et surtout

en compromettant, par la perte de la confiance, les recettes indirectes. Ce prélèvement, d'ailleurs, s'opèrerait-il sans obstacle ? Ne devrait-on pas craindre que la population ne le considérât comme un impôt déguisé et que les mécontents s'en fissent une arme contre la république, au moment où la constitution allait dépendre du vote universel ?

Un impôt extraordinaire (mode qui fut préféré) entraînait les mêmes inconvénients. Nul n'ignore tout ce que la contribution forcée des 45 centimes fit naître de résistances, froissa d'intérêts, éveilla de sollicitudes, et quelle funeste influence elle exerça sur le choix des membres de l'Assemblée nationale. Cet impôt eut encore le tort d'être décrété beaucoup trop tard. Au début, moyen suprême de prévenir une catastrophe, on l'eut accepté comme une nécessité fatale ; comme un remède héroïque. Il n'était plus temps quand la perspective de la ruine vint alarmer toutes les fortunes. Et pour surcroît de malheur, le décret était flanqué de *considérants* de nature à rendre l'inquiétude plus vive, l'anxiété plus profonde. On y disait entre autres que la propriété n'ayant point été atteinte par la révolution de Février, il était juste qu'elle subît aussi sa part de sacrifices. Cette remarque blessa les propriétaires, qui souffraient de la détresse générale. Elle semblait les désigner aux coups du fisc et à la jalousie des classes indigentes. Ils jugèrent, non sans raison, que puisque le paiement était obligatoire, on aurait aussi bien fait de la leur épargner.

Restait le papier-monnaie, expédient commode, auquel on était naturellement enclin à recourir. Plusieurs combinaisons avaient été imaginées; mais l'idée des assignats, que ce papier rappelait, glaça d'effroi les plus intrépides, et les hommes qui dirigeaient alors les finances, entrevoyant en perspective le hideux fantôme de la banqueroute, renouvelèrent le serment d'Annibal, de s'ensevelir plutôt sous les ruines de la patrie que d'user d'un tel moyen. Préjugé fatal! Un remède cesse-t-il d'être bon, parce que, appliqué d'une manière abusive ou dans des conditions défectueuses, il aura été inefficace ou dangereux?

Pourquoi hésiter à le dire? La création des assignats, loin de mériter le blâme, a sauvé le pays à l'époque terrible où cette émission eut lieu, et l'on ne doit accuser que le malheur des temps si, par le discrédit où elles tombèrent, ces valeurs artificielles compromirent gravement une foule d'intérêts privés. Les circonstances, Dieu merci, n'ont rien d'identique. Bien que gênée dans ses évolutions financières, par la déplorable gestion qu'elle a traversée, la France n'est point insolvable. Ce qui perdit les assignats, ce fut, d'une part, la profusion avec laquelle ils furent émis, de l'autre, l'inanité du gage dont ils étaient la représentation. On en fabriqua pour plus de trente milliards, depuis mille francs jusqu'à cinq sols : c'était la monnaie courante. Ils étaient, en outre, assis sur les propriétés nationales, se composant des biens des émigrés et du clergé, dont les uns, par scrupule, refusaient de se rendre acquéreurs et que les autres n'achetaient qu'à vil prix, appréhendant, dans un avenir plus ou moins lointain, la réintégration des propriétaires dépossédés. Leur dépréciation était ainsi devenue d'autant plus inévitable que leur multiplicité même favorisait les fraudes d'une contrefaçon qui se dérobait à tout contrôle et s'exerçait activement, surtout en Belgique.

La parité n'existant pas dans les circonstances, éloignait l'assimilation, et l'on ne pouvait logiquement invoquer l'expérience des assignats pour condamner le papier-monnaie. Il ne s'agissait plus que du choix à faire entre divers plans de finance.

Or, abstraction faite du point de vue politique, le parallèle était tout à l'avantage du papier-monnaie. La perception anticipée des contributions annuelles constituait, nous l'avons dit, une mesure sans portée. Outre son impopularité et la difficulté probable du recouvrement, l'impôt extraordinaire ne pouvait qu'être circonscrit dans des limites restreintes. L'emprunt lui-même, en supposant qu'il pût être réalisé, n'avait chance d'être conclu qu'aux conditions les plus onéreuses sous le rapport, soit du taux de l'intérêt, soit du remboursement du capital. Avec un papier-monnaie tous ces embarras disparaissaient. On se procurait,

à l'heure voulue, sans fouler personne, sans tiraillements, *gratuitement*, des sommes non plus insuffisan-
tes et stériles, mais proportionnées aux exigences impérieuses du moment, aux entreprises grandioses qui
devaient inaugurer l'ère républicaine.

Comment des prévisions si fondées, des résultats
d'une si palpable évidence furent-ils méconnus? Un
seul motif appréciable décida le Gouvernement provisoire à déserter, sous ce rapport, la route de la logique
et du bon sens. Ce fut la crainte de heurter l'opinion
et de jeter l'épouvante dans le pays, pour qui le seul
mot de papier-monnaie, synonyme de spoliation et de
pillage, signifiait encore l'un des plus monstrueux abus
de l'ancienne république. Serait-ce concilier les suffrages à celle qui s'élevait que de commencer par une imi-
tation de ce qui avait si vivement excité les antipathies
contre sa devancière? Ne s'exposerait-on pas à tarir
ainsi toutes les sources de la confiance? Qui voudrait
des nouveaux titres?

Ces préventions de l'opinion étaient réelles; mais s'il
est juste et prudent de ménager les susceptibilités publiques, il y a faiblesse à leur sacrifier les opérations
les plus salutaires et les combinaisons lés plus fécondes.

L'occasion était d'ailleurs propice pour la création
d'un papier d'échange. On s'attendait généralement à

la détresse financière que Louis-Philippe léguait à la France. Maintes fois elle avait été prédite par l'opposition qui ne cessait de dénoncer le mensonge de la prospérité croissante. Soit faux calcul ou illusion funeste, le Gouvernement provisoire laissa trop croire aux ressources de la République; il fallait, au contraire, dévoilant hardiment toute la profondeur du mal, persuader aux esprits déjà prévenus qu'un moyen extrême seul était capable de conjurer un désastre imminent. Sous l'oppression de la nécessité, le pays eut accepté l'émission du papier-monnaie comme un besoin révolutionnaire. Nulle résistance sérieuse n'était à craindre de la part du parti vaincu, la responsabilité de la mesure incombant naturellement aux imprudents qui l'avaient rendue inévitable, à la monarchie qui n'en devenait que plus odieuse. On joignait ains au mérite d'une prophétie vérifiée l'avantage d'affermir le gouvernement naissant et de favoriser l'action de ceux qui présidaient à ses destinées.

La résignation était indubitable; mais les craintes elles-mêmes n'eussent pas tardé à s'évanouir sous la clarté de quelques explications précises. Qu'objectait-on, en réalité, contre les billets émis par le trésor? Quelles raisons avait-on pour leur préférer l'emprunt? Et si l'unique argument contre eux était la frayeur qu'ils inspiraient, le bon sens de la population n'en devait-il pas faire prompte justice ?

De tous les moyens de se procurer de l'argent, l'État n'en a pas de plus rationnel que l'impôt. En supposant des cas extraordinaires, une fois la difficulté surmontée à l'aide de l'effort commun, il marche, libre de ses mouvements, à la conquête de l'avenir. Une nation éclairée n'en choisirait pas d'autre. Malheureusement, le fardeau présent est toujours le plus lourd, et pour ne pas s'exposer à l'aveugle fureur des intérêts imprévoyants, on s'est jeté dans l'emprunt, système commode, mais perfide et trop fidèlement suivi depuis trente ans.

L'emprunt est générateur d'impôts et d'emprunts. Indépendamment du capital remboursable à des époques déterminées, il faut pour le paiement des intérêts ajouter à un impôt extraordinaire ajourné un supplément plus ou moins considérable d'impôts extraordinaires partiels. Toutefois, l'inconvénient n'aurait qu'une médiocre gravité si la liquidation parvenait à s'opérer régulièrement. Mais il est bien rare qu'il en soit ainsi. Les mêmes éventualités qui ont motivé un premier emprunt, une guerre, une disette, de grands travaux d'utilité publique, une foule de causes analogues, en provoquent un second ; celui-ci en engendre un autre, et dans ces évolutions douloureuses, on arrive d'autant plus sûrement à l'abîme, que les charges ordinaires, de plus en plus accablantes, interdisent toute économie.

C'est la boule de neige qui va se grossissant dans

son cours. L'Etat représente alors l'image de ces débiteurs malheureux qui, après avoir pendant quelque temps soldé la rente, se livrant à de nouveaux emprunts pour servir cette même rente et rembourser le capital, aboutissent inévitablement à la ruine ; encore n'est-il question que des engagements pris dans des conditions normales. Il y a, le plus souvent, pénurie de numéraire et manque de confiance, deux causes qui, contraignant à rendre des sommes plus élevées que celles qu'on reçoit et à contracter à des taux usuraires, contribuent puissamment à accélérer la crise.

Une dette de six à sept milliards, un budget de seize cents millions menaçant de croître dans une proportion indéfinie, sont, pour le pays qui en est écrasé, la conséquence des emprunts, conséquence dûe à la force productive de l'intérêt composé qui, chacun le sait, décuple en trente ou quarante ans le chiffre du fonds primitif.

A la vérité, on s'est plu à attribuer à la caisse d'amortissement la neutralisation de cette influence. Vain leurre ! Cette caisse n'a jamais rien amorti, les besoins financiers ayant constamment obligé l'État à remplacer par des charges nouvelles celles dont elle exonérait. Cette institution est donc un rouage tout à la fois inutile et onéreux, puisqu'il complique les opérations de finances, sans en faciliter l'application et nécessite l'entretien d'un personnel nombreux.

Il est, on le voit, permis de préjuger que le système actuel anéantira tôt où tard la fortune publique. Eu cût-il été de même avec le papier-monnaie ? Nullement. Le total de l'émission n'augmentant point par des intérêts accumulés, on eut pu, dans les années favorables, le diminuer successivement en retirant de la circulation une quantité plus ou moins grande de billets, de manière à rendre possible, le cas échéant, une seconde, une troisième, une quatrième émission, sans dépasser sensiblement la valeur de la première. Notre dette, ainsi limitée, n'irait peut-être pas aujourd'hui à un ou deux milliards ; notre budget surtout ne serait pas grevé d'une rente de 350 millions dont l'acquittement fait lésiner sur les services les plus importants, et empêche de favoriser les améliorations industrielles et agricoles.

On prétend que le papier - monnaie mettrait les capitaux en fuite et déprécierait la rente. Aucun argument n'est moins fondé. Tout au contraire, après quelques jours d'émotion, un peu de frayeur, l'argent renaîtrait, les rentes remonteraient à leur taux ordinaire. Les capitaux, en effet, ne peuvent rester longtemps sans emploi. Pour quelques propriétaires timides, il y en a des milliers dont le roulement financier est la vie. Lorsqu'ils n'auraient plus le débouché de l'État et qu'ils se verraient même menacés de subir la concurrence de son papier, ils s'empresseraient d'offrir leur concours pour ralentir une propagation dangereuse.

Iraient-ils enrichir l'étranger du numéraire enlevé à la France? Autre erreur. Si puissant que soit l'amour de l'or, il ne va pas jusque-là : tenons en plus haute estime l'espèce humaine. On s'exile pour conserver la vie ; mais abandonne-t-on , pour la conservation de quelques écus, foyer, famille, amis, l'héritage paternel, les champs qui vous ont vu naître, et les habitudes, à la fois douces et despotiques, qui enveloppent de liens invisibles l'homme tout entier ?

Quant aux rentes , ou le papier-monnaie aurait du crédit, et alors il se joindrait au numéraire pour en activer l'achat, ou il exciterait peu de confiance, et dans ce cas on s'en dessaisirait pour le même objet. Dans les deux hypothèses le résultat serait identique.

Mais d'où viendrait la dépréciation que l'on redoute ? S'agit-il de créer 20 à 30 milliards d'assignats ? Tant s'en faut: 6 à 7 cents millions eussent probablement suffi aux exigences du présent, comme aux nécessités de l'avenir. En quoi eussent été compromis dès lors ceux qui auraient accepté les billets de l'Etat? Les rentes ont-elles un autre gage que la solvabilité générale? Qui, cependant, hésite à acheter des rentes ? N'est-ce pas également sur cette solvabilité que comptent les souscripteurs des emprunts? Ces derniers, dira-t-on, sont libres de courir les chances : petite raison, qui ne saurait triompher d'une grande. Qui ne voit plutôt que le papier-monnaie est infiniment préférable aux titres de l'emprunt, par cela même qu'il circule ? L'inconvénient des rentes est d'être assimilées aux marchandises et de suivre les fluctuations de l'achat et de la vente dans l'étroit marché de la bourse. Dans les moments orageux, où le nombre des vendeurs se multiplie et où celui des acheteurs décroît, elles sont susceptibles d'une baisse qui souvent engloutit les fortunes les mieux fondées. Pareille chose ne saurait arriver au papier-monnaie, dont le cours forcé, la facilité et l'universalité de la transmission assurent nécessairement l'uniformité de la valeur.

Ce fait a été surabondamment prouvé par toutes nos crises financières, pendant lesquelles les billets de banque ont conservé leur intégrité : il a été établi surtout par la création des billets de 100 fr. Nos financiers pessimistes en avaient prédit la déconfiture ; le succès, d'accord avec la logique, est venu démentir leurs prévisions. Nul ne fait difficulté de recevoir les billets de 100 fr. ; on les préfère à l'argent même ; aussitôt qu'ils ont paru, ceux de 1000 et de 500 fr., dont il ils ont facilité l'échange, suspendu à la banque, ont cessé d'être escomptés à 20 fr. ou 50 fr. par les porteurs qui, au dehors, n'en trouvaient point la monnaie.

Exploitant toujours la terreur, on laisse entrevoir

que l'État pourrait abuser de la planche aux billets.
Mais un tel abus rencontrerait des obstacles insurmontables dans un système de garanties organisé comme
celui qui régit la banque. Croit-on, en effet, qu'il fût
facile de dépasser la limite déterminée, si le soin de la
fabrication et de l'émission était confié à une commission formée d'un nombre suffisant de membres élus par
l'Assemblée? Les assignats, répétons-le, n'ont dû leur
discrédit qu'à la quantité qui en fut jetée sur la place.
De 1789 à 1796, leur cours s'est maintenu, malgré la
rareté du numéraire, et ce n'est que dans les dernières
années que la dépréciation est survenue.

La confiance publique est loin d'être d'ailleurs aussi
timide qu'on le suppose. Comment croire qu'on refusât
une représentation monétaire basée sur la fortune nationale, quand on nous voit chaque jour livrer notre
argent ou nos marchandises à des tiers, amis, commer-
çants, banquiers, notaires, etc., d'une solvabilité plus
que douteuse? Cette tendance est un des grands faibles
de l'humanité. En y joignant l'appât du bénéfice et la
crainte du vol, soyez sûr que peu d'or s'enfouirait dans
des coffres stériles par horreur du papier-monnaie.

Ou je me trompe, ou ce simple exposé eut rassuré
les moins hardis. L'application du papier-monnaie se
fut d'ailleurs recommandée par ses bienfaits. Que de
facilités elle eut offertes au pouvoir ! que de mesures
impolitiques et désastreuses elle lui eut épargnées !

Le Gouvernement provisoire commit une erreur
capitale en ne prévenant pas la liquidation Gouin et
celles d'autres maisons importantes. Une somme de 15
à 20 millions, donnée par l'État à titre d'avance, eut
permis à ces maisons de continuer leurs paiements ; les
fonds publics se seraient soutenus et la France eut
échappé à cette crise financière qui a détruit tant de
fortunes, causé des malheurs si terribles, et dont on ne
saurait encore prévoir le terme. L'excès de la circonspection fit, dans ce cas, ce que l'excès de la témérité
n'aurait pu faire.

Autre écueil : il était urgent d'utiliser les bras de la
population ouvrière ; les finances étaient perdues et la
sécurité publique achevait de s'évanouir si l'on faisait
plus longtemps durer les sacrifices des premiers jours.
Malheureusement, on s'aperçut trop tard du vice des
ateliers nationaux, qui, par leur extension et leur durée,
avaient, il est vrai, outrepassé toute prévision.

C'était par du crédit, par des primes accordées à
l'industrie et au commerce, qu'il convenait de favoriser
l'écoulement des produits et la reprise du travail. Or,
ce secours, on n'eut point été gêné pour le fournir avec
les valeurs artificielles ; il devenait même d'autant plus
opportun, que la limitation des heures de la journée et
l'augmentation du salaire, graves déjà par elles-mêmes,
ne pouvaient sans lui que produire les plus fâcheux résultats.

Le Gouvernement provisoire fut également mal

inspiré en supprimant inopportunément le droit d'entrée sur la viande, l'impôt sur le sel et diverses charges fiscales contre lesquelles la presse s'était élevée dès longtemps. En effet, il y a généralement imprudence à se priver d'une ressource dans les circonstances difficiles, quand on n'est pas en mesure de la remplacer. Cette suppression, en tout cas, appelait aussi le papier d'échange.

En créant ce moyen, on n'aurait point été non plus forcé de recourir à de déplorables expédients ; entre autres, à l'impôt des 45 centimes, dont nous avons signalé la désastreuse influence sur les élections, à la suspension du remboursement, et plus tard à la conversion en rentes à 80 fr. des bons du trésor et des dépôts de la caisse d'épargne.

On sait en quoi consistent ces dernières valeurs : ce sont en majeure partie des sommes destinées à faire face à des besoins prévus. En ajourner le remboursement, c'était mettre une foule de dépositaires dans l'impuissance de répondre à des engagements sacrés. Au moins aurait-on dû admettre des exceptions en faveur de ceux qui auraient appuyé leur demande de retrait sur des motifs légitimes. La conversion en rentes a été une banqueroute réelle. Aux prix auxquels sont aujourd'hui descendus les cours, les nouveaux rentiers, que la nécessité oblige à vendre, perdent en effet 15 et 20 pour cent : heureux si, faute de l'intégralité de leur somme, ils ne restent pas endettés ou exposés à des poursuites!

Et l'État, qu'a t-il gagné lui-même à ces expédients désespérés ? Tout simplement de payer un quart en sus du capital déposé, c'est-à-dire cent millions qu'il n'avait pas reçus. M. Goudchaux avait bien raison de dire dernièrement son *meâ culpâ* à l'Assemblée nationale (1).

Là ne se serait pas bornée l'utilité du papier-monnaie : il aurait surtout permis d'imprimer aux affaires et aux travaux publics une impulsion féconde. En répartissant une somme de 125 millions, entre les 2,500 cantons dont se compose la France, soit 50,000 francs pour chacun, on aurait contribué à former, avec le concours des bonnes volontés locales, ces comptoirs d'escompte après lesquels soupirent le commerce et les industries manufacturières et agricoles. Ces comptoirs se seraient reliés à un établissement commun, dont Paris aurait été le siége. Les lignes de fer, si fatalement abandonnées pour la plupart, auraient été reprises et activement continuées.

On s'est, du reste, suivant nous, gratuitement embarrassé dans la question du rachat. Certaines entreprises prospéraient ou n'avaient pas cessé d'exécuter les clauses de leurs traités. A quoi bon arrêter leur marche ? Quant aux chemins en souffrance, leur situation indiquait naturellement le plan à suivre. Les uns,

---

(1) Ces lignes étaient écrites lorsque la chambre a voté un supplément aux créanciers du Trésor et des Caisses d'épargne.

discrédités par eux-mêmes, étaient presque sans valeur ; les autres ne devaient qu'aux circonstances la dépréciation qu'ils avaient subie. Au lieu de s'en emparer pour son compte exclusif, le gouvernement aurait dû se substituer aux compagnies vis-à-vis des actionnaires, en ayant, du reste, égard à la différence signalée. Ainsi, les actions de la première catégorie auraient été converties de deux en une ; celles de la seconde admises au pair. On aurait, en outre, assuré aux titulaires un intérêt de 4 pour 100, avec un dividende éventuel, réglé par le décret, et une jouissance indéterminée.

Cet arrangement équitable aurait sans nul doute concilié toutes les exigences, satisfait tout le monde. Les actionnaires ne l'auraient point repoussé : il les relevait de la ruine, en consolidant dans leurs mains des titres précaires, en détruisant, pour quelques-unes des concessions, l'anomalie d'une durée restreinte et onéreuse, en anéantissant, pour quelques autres, le litige relatif aux gages consignés au trésor. L'État, de son côté, en possession des fonds et des cautionnements des compagnies, et libre au besoin d'y ajouter sans presser les versements ultérieurs, se serait immédiatement mis à l'œuvre. Ce qui, en procurant du travail à la population ouvrière, et en rendant à l'industrie sa vigueur accoutumée, aurait couvert en peu de temps le pays tout entier d'un vaste réseau de communications utiles.

Autre avantage : la loi de 1833 assujettit chaque commune à avoir sa maison d'école. Un délai de cinq années fut accordé pour satisfaire à cette obligation. Ce délai fut, en 1838, prorogé jusqu'en 1843. Aujourd'hui, cependant, douze à quinze mille villages ne se sont pas conformés encore au vœu du législateur, et les enfants continuent à être entassés dans des salles insalubres, où la santé est gravement exposée et l'instruction forcément incomplète. Le moment était opportun pour combler cette regrettable lacune. Obviant à la pauvreté des communes retardataires, l'État aurait pris sa part de sacrifices dans la construction des maisons d'écoles : 4,000 francs en moyenne, 60 millions en totalité auraient suffi ; c'eut été non-seulement obéir à une haute nécessité morale, mais ouvrir en même temps sur toute la surface du territoire, de nouveaux débouchés aux travailleurs.

Voilà comment la République devait manifester son action bienfaisante, les moyens de démarcation qui pouvaient la différencier des monarchies, les signes révolutionnaires qui lui auraient valu l'enthousiasme et les durables sympathies des populations.

D'autres fautes retombent encore à la charge du Gouvernement provisoire dans ce bilan rétrospectif. La plus grave fut sa conduite équivoque à l'égard de la presse. Il ne sut ni la contenir, ni la protéger. Par une aberration inexplicable, tandis qu'il tolérait une

licence dont ses ennemis abusèrent contre lui, il con-
servait une attitude hostile, suspecte à ses partisans, et
préjudiciable à la cause révolutionnaire. La preuve de
cet aveugle mauvais-vouloir se révéla d'abord dans
les tentatives réitérées qu'il fit pour maintenir le timbre, cette barrière opposée à la propagation des journaux populaires, et plus tard dans la question du
cautionnement, à l'égard duquel il refusa de se pro-
noncer, et qu'il tint suspendu comme une menace sur
les feuilles d'origine récente.

De toutes les entraves à la publicité périodique, le
cautionnement est la plus vexatoire et la plus inique :
c'est un odieux privilége créé au profit des uns, et au
préjudice de l'égalité. L'écrivain consciencieux, enlacé
dans les liens du fisc, n'a plus, s'il est pauvre, qu'à briser sa plume ou à la prostituer. La démoralisation de la
pensée est alors obligatoire, inévitable et fatale. Comment éleverez-vous à la hauteur d'un sacerdoce, la
fonction du journaliste qui, pour vivre et se faire écouter,
étouffant sa personnalité, se dérobant à sa conscience,
est contraint de traduire les inspirations d'autrui ?
Blanc dans la *Quotidienne*, rouge dans *la Réforme*,
satellite partout, cet homme ne s'appartient plus. Tout
son art consiste, non à devenir utile, mais à plaire au
patron qui le paie, au public dont il subit les fantai-
sies, quand il devrait les dominer. Son talent même
ne lui profite guère. Suffisant à peine à ses besoins, s'il
en perçoit le salaire, un autre en recueille les bénéfices,

On attribue à des motifs peu honorables l'indécision que nous venons de signaler. Certain journal, en apparence hostile au cautionnement, aurait rencontré dans le Gouvernement provisoire des patrons officieux qui, pour conserver à leur organe une prépondérance que lui valait la chance des révolutions, n'auraient pas mieux demandé que de faire une douce violence à ses sentiments. Mais un tel calcul n'est pas supposable dans une conjoncture aussi grave et de la part de personnes éminentes : nous préférons croire que la soudaine invasion d'une multitude de feuilles de toutes nuances et où la liberté allait, en certains cas, jusqu'à l'abus, les fit trembler pour le maintien de l'ordre et pour l'avenir de la République.

Toujours est-il que cette indécision, en propageant la méfiance, fut, sans qu'on s'en doutât, le point de départ des épreuves terribles que la France haletante a dû traverser. Justement froissée, l'opinion populaire réserva ostensiblement ses préférences pour ceux des membres du Gouvernement provisoire qu'elle savait avoir revendiqué les droits de la liberté. Par contre, il s'établit au sein de ce gouvernement un fatal antagonisme. La majorité suspectée, sous prétexte de modération, se détacha du peuple et inclina complaisamment vers les ennemis de la révolution, dont ces avances relevèrent l'audace.

En dépit de Lamartine et de Dupont (de l'Eure),

qui sentaient la nécessité d'opposer à l'essor des mauvaises passions le bouclier d'une union invincible,
une intrigue insensée s'organisa , qui usa de tous
les moyens et s'empara de toutes les occasions pour
perdre et exclure les dissidents. La voie des impru-
dences était ouverte; on s'y jeta comme à plaisir. On
suscita les exigences de l'aristocratie de la garde nationale et l'on s'empressa de les satisfaire. L'armée, qui ne
devait plus désormais servir que contre l'étranger, fut
rappelée au mépris du bon sens d'un décret antérieur
et de promesses solennelles. Avec l'armée rentra la
guerre civile. On eut des démonstrations dynastiques
et l'équipée du 16 mars, auxquelles répondit la manifestation du lendemain; manifestation imposante, morale,
qui, en prouvant aux factieux de la réaction que les
hommes des barricades n'avaient pas démissionné, aurait clos l'ère des tempêtes, si de funestes méprises n'eussent provoqué de nouveaux dissentiments.

La marche du Gouvernement provisoire était tracée
par la logique et par les principes mêmes auxquels il
devait la vie. Son premier acte devait être d'abolir
spontanément, résolument, le cautionnement et le timbre. Tant d'autres inégalités subsistent entre le pauvre
et le riche! c'était bien le moins que celle-ci disparût
sous un régime où le suffrage universel était appelé à
décider du sort de l'Etat. De quelle autorité irait-on
imposer une constitution à une classe de citoyens que

l'on aurait privés des moyens de faire prévaloir leurs
vœux et d'émettre un vote éclairé? D'ailleurs, loin de
craindre une propagande révolutionnaire trop active,
un intérêt pressant commandait au pouvoir de favoriser
en tous lieux l'introduction des idées avancées, pour
contrebalancer la pernicieuse influence des journaux
rétrogrades, qui, dans les campagnes surtout, avaient
le monopole de la clientèle. Agir autrement c'était
courir au suicide, trahir sa cause, livrer sa maison au
malfaiteur et le champ de bataille à l'ennemi.

Comme ce géant que ses forces abandonnaient dès
qu'il cessait de toucher la terre, le Gouvernement provisoire ne fit que trébucher en s'éloignant du foyer révolutionnaire où il avait puisé son existence. Non-seulement il ne songea pas à multiplier ses points d'appui et
négligea même ceux qui s'offraient naturellement à lui,
il déserta encore d'impérieux devoirs. Un dépôt sacré
avait été confié à sa sollicitude, la République; il devait
la transmettre à l'avenir intacte et respectée, et pour
arriver à ce but se faire respecter lui-même, c'est-à-dire
exercer dans toute sa plénitude la dictature.

. Mais loin de se saisir de cette force, qui était son
droit, il tourna vers tous ses mains débiles, et se laissa
gratuitement avilir avec une bonhomie coupable ou
stupide. La *Presse*, le *Constitutionnel*, l'*Assemblée
nationale* enlevaient complaisamment à la fange des
calomnies mille faits apocryphes dans le but de dé-

considérer ses membres influents , de fomenter les
dissentiments qui les séparaient , d'empêcher la prospérité des affaires et d'arriver ainsi au renversement
de la République.

Au nom du peuple , il fallait imposer un terme
à cette abominable stratégie , non par des procès
qui ne sont moraux que dans un temps régulier ,
ou par des suspensions arbitraires et prolongées qui
ruinent des entreprises , mais par des avertissements
sévères, réitérés au besoin, par des interdits que l'enga-
gement pris par le directeur de rentrer dans une meil-
leure voie, aurait suffi pour faire lever à l'instant.

Tout le monde, sans contredit, aurait approuvé ces
procédés énergiques et mesurés à la fois, car chacun aurait senti tout ce qu'il y avait de lâche à attaquer un
gouvernement qui ne faisait que de naître, un pouvoir
chargé de la plus grave des missions et dont la durée
devait expirer au bout de quelques jours.

Les bons effets de la manifestation du 17 mars ont été
annullés, avons-nous dit, par des méprises. La plus lourde
a consisté dans l'organisation du suffrage universel. Plusieurs systèmes se présentaient; on a choisi le plus défec-
tueux ou celui, du moins, qui pouvait, plus efficacement
servir les passions contre-révolutionnaires. Tout choix
sérieux, toute vie politique sont impossibles avec l'élection directe et départementale. Les résultats se trouvent

nécessairement dévolus au hasard et  l'influence des
coteries : quel attrait peuvent avoir des réunions électorales où l'on discute les titres de candidats plus ou
moins inconnus et que les assistants ne voient pas, qu'ils
ne sauraient interroger ? Dans la foule de ceux qui se
présentent, comment discerner à distance le plus probe,
le plus capable, le plus patriote ? L'arène, légalement
ouverte à toutes les vocations, à tous les dévouements,
de fait est fermée à quiconque n'est patronné que par
lui-même , à l'ouvrier pauvre, au savant modeste qui
n'ont ni le loisir, ni l'aisance nécessaire pour lutter
contre des compétiteurs ou plus riches ou plus ostensiblement posés.

Poursuivre une candidature c'est vouloir réaliser les
travaux d'Hercule. Que de fatigues, de dépenses,
d'ennuis pour aller de localité en localité, parcourir
tout un département ! L'insuccès est d'ailleurs au
bout de la tentative : forcé de vous borner aux principales villes, où vous ne faites ordinairement qu'une
seule apparition, la masse des populations que com-
posent les bourgades et les villages vous ignore ou
vous n'y laissez du moins qu'une impression fugitive.
Les dispositions favorables, nourries par les personnes
dont vous vous êtes rapproché, s'effacent insensiblement et sont détruites par la calomnie, qui vous frappe
d'autant plus fort que vous n'êtes pas là pour vous défendre. Dans ces conditions l'immense, majorité des

électeurs, n'ayant d'avis, d'opinion, de préférence que par procuration, se laisse conduire par quelques meneurs éhontés. On a ainsi centuplé les inconvénients du vote à deux degrés, sans les garanties que comporte ce mode régulièrement organisé.

Le vote à deux degrés aurait, en effet, d'incontestables avantages[On l'a repoussé, parce qu'il est préconisé par la *Gazette de France*. Mais les légitimistes, qui s'imaginent restaurer la royauté par ce moyen, s'abusent dans leurs espérances, comme les partisans du suffrage départemental se sont trompés dans leurs appréciations. Le paysan est, en effet, républicain par sentiment, mais il est, sinon trop inintelligent, du moins trop privé de culture pour l'être par conviction.

Il ne faudrait pourtant à la manifestation de ce sentiment qu'une direction éclairée : or, rien ne concourerait à ce résultat d'une manière plus efficace que la nomination des électeurs délégués. Aux prises, dans chaque commune, avec l'élément rétrograde, les candidats du parti avancé sauraient faire vibrer la fibre patriotique de leurs concitoyens, montrer à tous leurs vrais intérêts, attirer à eux la masse. Dès à présent, on peut l'affirmer avec certitude, pas un sixième de la France ne ferait de mauvais choix; ajoutons même que l'ambition de remplir un mandat honorable engendrerait une émulation salutaire qui se traduirait, chez ceux qu'elle animerait, en accroissement d'instruction , l moralité et de dévouement. On objecterait vainement l'esprit qui a prévalu dans un grand nombre de conseils communaux ; car la distance est infinie entre une élection municipale et une élection politique.

Des considérations majeures militent cependant contre le suffrage par délégation ; il perpétuerait, entre les classes, des divisions et des haines qu'il importe d'affaiblir ; d'un autre côté, quelque confiance que méritassent les élus, en butte à l'animosité et aux reproches de la minorité qui les aurait repoussés, ils encoureraient vis-à-vis d'elle une responsabilité fâcheuse. Le mieux, dans une nomination aussi importante que celle des représentants du peuple, est évidemment que chacun y participe d'une manière directe; mais il ne suffit pas que cette participation soit inscrite dans la loi, il faut que le système qui la consacre la rende efficace et sincère.

Le seul plan praticable eut été de former, par la réunion de trois ou quatre cantons, suivant leur population, un nombre de colléges proportionné au nombre de députés à élire. Si les hommes instruits, familiers avec la politique, en observant journellement les évolutions, connaissant les individualités saillantes, ont éprouvé des difficultés réelles et de longues incertitudes pour désigner quelques noms sortables parmi des centaines de compétiteurs, combien de tels choix ne devaient-ils pas être au-dessus des forces d'une multitude illétrée,

presque exclusivement adonnée à ses travaux ou à ses
affaires! Dans l'élection fractionnée dont il s'agit, avec
un nombre beaucoup plus restreint de postulants, la
tâche eut été très-simplifiée; les candidats auraient
entretenu d'incessantes relations avec les électeurs;
ceux-ci les auraient vus, entendus, jugés sans intermédiaire. Leurs antécédents, leurs titres auraient été soumis à une enquête sérieuse; on aurait obtenu d'eux des
explications désirables, des engagements formels.
Bornée dans son cours, l'intrigue eut été prévenue ou
déjouée; chacun, de la sorte, eut pu déposer son bulletin
avec connaissance de cause et dans la plénitude de son
indépendance. Ainsi tombait l'objection spécieuse qui
s'était opposée au vote à la commune, infiniment plus
favorable que le vote au chef-lieu, à l'usage du droit
électoral; on aurait pu surtout à la majorité relative
substituer la majorité absolue, qui eut procuré des no-
minations moins équivoques; vu, enfin, l'exonération
des sacrifices de temps et d'argent qu'imposent des dé-
placements considérables et des circulaires multipliées
jusqu'à l'abus, la représentation nationale, rendue ac-
cessible à toutes les ambitions, à tous les mérites, le
vœu de la loi eut reçu son accomplissement; tous les
principes auraient été respectés, toutes les convenances
satisfaites.

En rejetant les petits colléges, on a voulu conjurer
les influences de clocher. Toutes puissantes sous un

régime de faveurs et de priviléges, ces influences ont cessé d'être à craindre sous un gouvernement heureusement affranchi d'une pareille dépendance. On a voulu se soustraire également à la prépondérance des médiocrités locales. La lutte, au contraire, sans nuire aux capacités exceptionnelles, permettrait d'apprécier à leur juste valeur une foule de réputations usurpées et de patriotismes suspects. Quelques uns ont pensé que l'autorité, qui s'attache aux nombreux suffrages conquis dans tout un département, était susceptible d'ajouter au prestige qui environne les mandataires du peuple. Mais n'est-ce donc rien que les dix à douze mille votants que fourniraient les cantons réunis? Ce nombre, sous la monarchie, était vingt à trente fois inférieur, et là ne se trouvait pas le plus grand mal : le vice résidait dans la qualité du corps censitaire, exclusivement composé de riches, et dans sa permanence, qui livrait constamment l'élection aux tentatives corruptrices du pouvoir.

D'un mauvais outil, il est difficile de tirer un bon service :

Le vote départemental a donné les résultats qu'une sagacité vulgaire pouvait entrevoir. Comprenant la chance qui leur était offerte, les partis que la révolution de février avait frappés de stupéfaction ne tardèrent pas à se rallier pour égarer une multitude inexpérimentée. Le télégraphe dénonçait chaque jour la pernicieuse activité de menées contre lesquelles vinrent échouer les circulaires du ministère de l'Intérieur.

Quelquesunes de ces circulaires ont excité d'ardentes critiques et une énergique improbation. La forme aurait dû sans doute revêtir une apparence moins dictatoriale ; mais il n'y avait, au fond, rien que de louable dans le sentiment qui les dicta. Le ministre ne faisait qu'accomplir son devoir révolutionnaire en recommandant aux autorités provinciales de surveiller, de poursuivre toute manœuvre coupable et d'éclairer les citoyens sur les choix qu'attendait d'eux la France régénérée. Des républicains seuls, en effet, étaient capables de fonder la République et d'éviter au pays des collisions liberticides et sanglantes.

Malheureusement, pour vaincre l'ignorance, l'apathie, les préjugés des populations arriérées, des manifestes plus ou moins éloquents ne suffisaient pas. Ils n'aboutirent, en excitant la fureur factice des ennemis de la révolution, qu'à compromettre sa cause. Le mal était fait lors de l'apparition des fameux bulletins, qui n'avaient pourtant d'autre but que de le conjurer. Ce qui a influé d'une manière si déplorable sur la composition de l'assemblée, c'est surtout le vote par département qui met obstacle à la libre communication des candidats avec les électeurs, l'unique moyen de former l'éducation politique de ces derniers. L'habitude de l'élection,

l'organisation régulière de comités qui dessineront les
nuances des partis et trieront leurs hommes, atténueront dans la suite les imperfections de ce système. Mais
la première application devait avoir, et a eu, de funestes
conséquences. La plupart des concurrents étant des
figurants nouveaux, et tout le monde faisant profession
de foi républicaine, qui donc aurait pu sûrement distinguer l'homme convaincu de l'industriel politique, le
patriote du spéculateur? *On a nommé, on n'a point
choisi !*

## IV.

Néanmoins, considérée dans son ensemble, il n'y aurait pas eu à désespérer de l'Assemblée constituante. La
majorité des représentants était animée d'intentions droites; mais ses principes n'étaient pas assez fermes pour
résister aux épreuves qui l'attendaient. Et ce qui constituait surtout un grand , un imminent péril , c'était le
milieu dans lequel elle allait se trouver jetée. Se mêlerait-elle à la classe inférieure dont elle apprécierait les
besoins, les vœux, les mœurs, les tendances? **Non.**
Bourgeoise par son origine et par ses relations, sa place
naturelle était au sein de la bourgeoisie dont elle
épouserait inévitablement les passions.

Or , la bourgeoisie, séparée du peuple par une
démarcation profonde , sous prétexte de modération ,
devenait de plus en plus provocatrice. Que de mal

4

n'a-t-elle pas fait dans ces clubs en plein vent qui se tenaient sur les places publiques et à l'angle des rues de la capitale. Elle y descendait par système, obéissant à une consigne commune, à un plan prémédité, pour vociférer contre des théories dont les plus simples éléments lui échappaient, pour prodiguer la calomnie, l'outrage et l'injure à leurs auteurs; pour partager, au mépris de l'évidence, les travailleurs en deux catégories : les mauvais et les bons ; ceux-ci rangés, laborieux, économes, ne manquant jamais d'ouvrage, ceux-là débauchés, paresseux, toujours prêts à l'émeute, enclins au désordre : concluant du particulier au général, elle ne tarissait pas en exemples puisés dans les bas-fonds qu'alimente l'écume de Paris et de la province, mais qui, quoique trop nombreux, sans doute, ne forme pourtant à l'égard de la masse qu'une très-faible minorité. Le mensonge non plus ne lui coûtait pas. Elle colportait mille anecdotes, inventées à plaisir, d'après lesquelles des fabricants auraient été forcés, par les exigences déraisonnables de la main-d'œuvre, de refuser des commandes importantes.

Elle ne parlait, du reste, que l'œil en feu, la menace à la bouche, en appelant sans cesse à l'autorité des coups de fusil, à la logique des baïonnettes.

Une conduite si injuste révoltait les ouvriers pour qui elle dénotait un aveuglement et un égoïsme incurables. De là des luttes violentes qui venaient envenimer les haines quand la concorde eut été si désirable et la pacification si facile. Ce n'est pas, assurément, en flattant le peuple qu'on eut obtenu ses sympathies ; mais bien en lui exposant la vérité avec simplicité, conviction et franchise. J'en fis souvent l'expérience. La raison, appuyée sur des sentiments honnêtes, a une force irrésistible. Combien de fois, par l'ascendant de quelques paroles sincères, ai-je calmé le peuple, étonné la bourgeoisie, réduit les réactionnaires au silence :

« Quoi, leur disais-je, vous applaudissez aux répressions de Rouen ; vous regrettez l'issue des événements de Limoges ; il vous faut de nouvelles exécutions *pour en finir ;* mais ce langage, ces désirs, ces vœux sont-ils français , sont-ils chrétiens ? Force doit sans doute rester à la loi ; mais est-il besoin que son triomphe soit taché de sang ? Plaignons les frères aveuglés que nous avons dû combattre ; désarmons-les, non par la cruauté, mais par la clémence ; qui peut dire, en effet que l'imprévoyance sociale n'est pas complice de leurs égarements ; soyons-leur surtout secourables pour que la logique de la faim ne les entraîne pas fatalement à l'insurrection : c'est par de mutuelles concessions qu'on pourra clore l'ère des discordes ! »

« N'imitons pas, d'ailleurs, ces Athéniens qui proscrivaient Aristide, parce qu'ils étaient las de l'entendre appeler *le Juste.* Ne faisons pas des dieux sans raison pour les immoler sans pitié. L'exagération, par exem-

ple, que vous mettez à poursuivre Louis Blanc n'est pas
de la justice, mais de la démence. Je ne juge ici ni ses doctrines, ni ce qu'on a nommé ses prédications. L'intelligence humaine a des points de vue opposés et des horizons
différents, mais ce que l'impartialité commande; j'appré-
cie le caractère, la conduite, les mobiles.»

« Quelles que soient les conséquences des erreurs de
ceux qui gouvernent, c'est le crime seul qu'on doit flétrir.
Louis XIV et Napoléon sont restés grands malgré les
désastres qu'ont amenés leurs fautes. Admettons pour
un moment que M. Louis Blanc se trompe. Est-ce une
raison pour méconnaître sa bonne foi, pour incriminer
si brutalement sa personne? Tous les écrits de ce jeune
soldat de la République attestent une vie laborieuse,
dévouée, austère. Acceptant les faveurs du pouvoir, il
aurait pu prostituer à l'élévation de sa fortune un talent
dont nul ne conteste l'éminence, un savoir dont aucun
ne méconnaît la profondeur. L'a-t-il fait? Aujourd'hui
on étend ses idées sur le lit de Procuste; on dépèce son
livre sur l'organisation du travail; on ne lui tient
compte ni de ses abnégations ni de ses combats. Lorsque,
ému des maux qu'endurait la société, il développa, il
y a quatre ans, des vues réformatrices, il ne les don-
nait pas pour inviolables, mais il les livrait à l'étude,
il en attendait une réalisation éloignée. Qui est coupable, ou des indifférents qui, par incurie, fermaient
volontairement les yeux sur les périls de la situation,

ou de celui qui, les entrevoyant, s'appliquait à les prévenir? Et maintenant que, la catastrophe arrivée, le
hasard lui assigne une part dans la direction des affaires, on trouve monstrueux que, sous le coup de pres-
santes exigences, il cède aux convictions qui l'animent.
Ah ! censeurs impitoyables, montrons-nous moins âpres
à la critique et à l'injure ! »

Ces remarques, qui répondaient à un sentiment de
justice intime, éloignaient les boute-feu et provoquaient
l'adhésion des ouvriers. Interpellant alors directement
ces derniers, je leur faisais envisager leurs vrais intérêts:

« La révolution de Février, leur disais-je, vous a légué
les instruments de votre délivrance : le suffrage universel, la liberté de la presse et de l'association. Un
soin unique doit absorber votre pensée, affermir cette
précieuse conquête. La prochaine élection pourra ne
pas remplir entièrement vos légitimes espérances ; mais
qu'importe le passage éphémère de deux ou trois assemblées mauvaises, si vous savez maintenir et féconder
des droits fondamentaux, générateurs de tous les
autres !

« La bourgeoisie vous est hostile, mais son hostilité
ne vient pas de son cœur. Elle se prêterait volon-
tiers aux réformes si, plus instruite, elle les croyait
applicables ; mais en présence de ses intérêts lésés, de
la ruine qui la menace, de la détresse commerciale,

qu'elle attribue, à tort sans doute, à vos manifestations, l'effroi la trouble et l'exaspère. Ignorant la véritable nature de vos sentiments, la portée de vos vœux, vos progrès en moralité et en science, elle tremble de jouer ses destinées dans des tentatives aventureuses qui la conduisent à l'inconnu ; elle s'épouvante des dates révolutionnaires du passé. Que voulez-vous ? Une heure suffit pour renverser les rois, il faut longtemps pour changer les mœurs. Par la modération et le calme, apprenez-lui ce que vous valez ; cette tâche est digne de votre intelligence ; elle est à la hauteur de votre courage. Pas de précipitation intempestive ! Quelques années ne sont rien dans la vie de l'humanité, et il n'y a de durable que les institutions fondées avec maturité, à l'heure propice. Vouloir, par exemple, améliorer subitement les conditions du travail, est une œuvre impossible et périlleuse. J'approuve, moi aussi, l'accroissement des salaires et la diminution du temps du travail. En multipliant l'aisance de l'ouvrier et les dépenses de consommation, cette double mesure enrichira concurremment les autres classes. Ce résultat, toutefois, ne doit surgir que d'une combinaison, savamment étudiée, de l'accord des systèmes qui n'ont pas eu jusqu'ici la faculté de se produire et de s'entendre. A votre place donc j'ajournerais mes légitimes griefs ; je m'abstiendrais de toute démonstration, de toute grève ; s'il le fallait même, je travaillerais et plus longtemps et à meilleur marché pour mettre un terme à la crise qui nous frappe et nous dévore tous. Toute autre conduite mènerait au naufrage commun et vous enleverait la victoire. Il faut le temps à la vérité. Qui, avant Février, parmi la gent officielle, songeait à l'organisation du travail? Personne. Et cependant cette question est arrivée ; elle se discute, elle presse les natures les plus rétives, elle marche à une inévitable solution. Ce progrès en précédera vingt autres : c'est le premier anneau d'une longue chaîne. Se trop attacher au présent, c'est compromettre l'avenir, manquer de foi dans sa cause, abandonner la proie pour l'ombre. Votre sort est entre vos mains ; la liberté d'association est votre palladium. »

Comme quelque chose qui contrarie une opinion caressée, ces paroles étaient d'abord accueillies par un léger sentiment d'opposition ; mais ce sentiment ne tardait pas à s'effacer, et à mesure que s'éclairait la raison, la sensibilité était émue.

Hélas ! peu de personnes ont réussi à faire vibrer dans l'âme énergique du peuple cette fibre sensible. L'irritation alla croissant ; on en eut une double preuve dans le fatal épisode du 16 avril : des deux côtés, ce jour-là, l'imprudence fut égale. La manifestation du 17 mars avait été noble, imposante, utile. A quoi répondait la seconde ? Fut-elle le produit d'un dessein coupable ou d'un calcul inintelligent ? Cette dernière hypothèse est la véritable. L'élection de la minorité des membres du

Gouvernement provisoire, notamment de Louis Blanc
et d'Albert, était douteuse. En pesant sur l'opinion, on
crut en assurer le succès, tout en prouvant à la réaction
que l'armée du peuple était toute prête à la lutte, forte,
puissante et disciplinée. Mais ce fut là une étourderie
funeste, et qui serait inexcusable si elle n'avait son explication dans l'appréhension fort légitime que M. Louis
Blanc éprouvait de voir échouer sa candidature.

On ne saurait trop blâmer non plus l'empressement
avec lequel on fit battre le rappel. Dans une conjoncture grave, où il lui en fut tenu compte, M. Ledru-
Rollin s'est glorifié d'avoir pris l'initiative de cette
mesure. J'aime mieux penser pour son honneur que, se
sentant débordé par son entourage, il eut la faiblesse de
ne pas résister à une impatience qu'il n'allait plus pouvoir maîtriser. Cette convocation en masse de la garde
nationale n'étant pas motivée par une nécessité formelle, constituait, en effet, une outrageante provocation. On risquait ainsi de faire dégénérer une prome-
nade, en apparence pacifique, en une mêlée sanglante,
et de transformer Paris en un affreux champ de bataille.
Il fallait, si l'on nourrissait quelques alarmes, se contenter de fortifier les principaux points, de doubler les
postes et de donner la consigne dans chaque mairie,
afin qu'on se trouvât prêt au premier signal. Mais la
bourgeoisie en délire brûlait d'en venir aux mains.
Dans ses rangs, on n'entendit tout le jour que propos
insultants et cris farouches. Par bonheur, aucun conflit

ne s'engagea ; on n'en triompha pas moins comme si
l'on eut remporté une grande victoire. Ce jour, il y eut
des réjouissances et une illumination générale : déplorable triomphe qui, en exaltant l'insolence des uns,
laissait dans le cœur des autres, avec l'humiliation de
l'affront, un ardent désir de représailles.

## V.

C'est sous ces tristes auspices , avec un abîme en perspective, que s'ouvrit l'Assemblée nationale. D'avance,
le peuple nourrissait contre elle d'extrêmes défiances.
Si elle eut compris son devoir et son rôle, elle n'eut
rien négligé pour les apaiser. Les passions et les préjugés
qu'elle partageait avec la classe bourgeoise, à laquelle
elle appartenait, lui dictèrent une conduite toute opposée. A la vérité, elle proclama tout d'abord la République d'une voix unanime : ce fut bien, mais ce
fut tout. Ce premier acte nécessaire aurait dû être immédiatement suivi d'une déclaration des droits solen-
nellement décrétés en Février : suffrage universel,
droit au travail , liberté de la presse , sans timbre ni
cautionnement , éducation gratuite et profesionnelle
pour tous ? Désarmant ainsi les soupçons auxquels eut
succédé l'enthousiasme , sa marche en eut été plus facile. Au lieu d'entrer dans cette voie féconde , elle se
borna à voter une proclamation équivoque. Dans cette
circonstance, du reste, le Gouvernement provisoire

faillit hautement, à sa mission. En résignant ses fonctions, c'était une obligation impérieuse pour lui de proposer, comme une condition du régime républicain, la reconnaissance des droits en question à la sanction de l'Assemblée.

La Chambre ne se montra pas mieux inspirée dans la formation de l'administration nouvelle. L'intérêt public, les convenances, la gratitude, lui prescrivaient de maintenir le Gouvernement provisoire dans la possession d'un pouvoir qu'il avait courageusement accepté aux heures de péril. Ce parti, que commandaient la prudence et l'équité, ne prévalut pas, et la France républicaine dut subir une deuxième édition de ce directoire qui a laissé de si piteux souvenirs à notre histoire révolutionnaire. On voulut frapper, dans certains membres, l'immense popularité qu'ils s'étaient acquise, c'était leur crime : et on le sait, si la haine peut absoudre, l'amour-propre ne pardonne pas.

Du reste, l'enfantement de la Commission exécutive fut assez laborieux. Il y avait deux noms embarrassants, qu'on n'osait proscrire, Lamartine et Ledru-Rollin. Leur influence fut annulée par l'adjonction de trois de leurs anciens collègues, MM. Garnier-Pagès, Arago et Marie, qui s'étaient distingués, dans le Gouvernement provisoire, par l'étroitesse de leurs vues, leur impuissance vaniteuse, leur opposition rancunière et jalouse. Une telle combinaison était d'avance frappée de stérilité, et si l'on a un reproche à faire à MM. Lamartine et Ledru-Rollin, c'est de ne pas avoir, par un refus qui les eut grandis dans l'opinion, noblement décliné le périlleux honneur qu'on leur offrait. L'Assemblée elle-même avait si peu de foi dans son œuvre, qu'elle ne cessa de tenir la Commission exécutive pour suspecte et de lui témoigner ses méfiances.

A peine installés, les commissaires se virent, en effet, en butte à ses injurieuses préventions. L'Assemblée aurait dû, cela était rationnel, s'en reposer sur eux du soin de protéger la liberté de ses délibérations et la sécurité publique, lui communiquer, en conséquence, la force morale nécessaire, et quant à elle, décrétant seulement les lois les plus urgentes, s'adonner corps et âme au travail de la constitution qu'elle était appelée à fonder, afin de hâter l'avénement d'une organisation régulière. Mais, semblable à ces malades qu'assiégent de chimériques terreurs, elle ne parut occupée que des moyens de se prémunir contre les conspirations imaginaires. Violant les prérogatives inhérentes au pouvoir de la Commission exécutive; au mépris de toute règle, de tout principe gouverdemental, elle confia à son président, entre autres attributions exorbitantes, le droit de requérir directement la garde nationale et l'armée, non-seulement dans le cercle de Paris, mais dans toute la France. On prétendit même que 900 fusils, avec les munitions appropriées, auraient été mis à la disposition des représentants en cas d'attaque et déposés dans une salle de l'ancien palais Bourbon. Dans ce luxe de précautions, le peuple aperçut une arrière-pensée réactionnaire, une trahison. Prend-on ainsi l'alarme quand on se sent fort de sa conscience, de la pureté de ses intentions? Et d'ailleurs, les harangues hostiles, jetées comme un défi ou comme une menace du haut de la tribune nationale, ne donnaient-elles pas à ces suppositions inquiètes un caractère tout particulier de vraisemblance?

Le 15 mai survint. Quel nom attacher à cette date? quelle explication donner de ces événements? Y avait-il là préméditation ou hasard? Une instruction se poursuit, un procès va s'ouvrir. Fournira-t-il plus de lumières que les débats soulevés à-propos du réquisitoire des citoyens Portalis et Landrin, et du rapport de la commission d'enquête? Que parmi les promoteurs de la manifestation quelques uns aient spéculé sur l'imprévu, cette hypothèse n'est pas inadmissible; mais à coup sûr, cette manifestation elle-même n'était point un complot. Le but était tout simplement, par une sorte de coërcition morale, d'imprimer à l'Assemblée des allures plus révolutionnaires, de réveiller ses sympathies pour la cause des nationalités étrangères, si intimement liée à celle de la France; enfin, de consacrer, suivant l'expression reçue, le droit de pétition à la *barre.* Tout porte à croire que l'ordre n'eut point été troublé si l'Assemblée eut accueilli avec faveur les délégués des clubs. Son refus de les entendre produisit dans la population qui encombrait la vaste étendue de la place un mouvement d'indicible indignation ; les rangs avancés, violemment poussés par les masses qui s'échelonnaient en arrière, forcèrent les lignes destinées à les contenir. La troupe se trouva alors dans l'alternative, ou de refouler la multitude, en exposant les parties centrales à être étouffées entre des pressions opposées, ou de mitrailler des gens désarmés et inoffensifs. Or, les traditions de Février n'étaient pas complétement effacées, le sang des citoyens valait encore quelque chose. L'humanité l'emporta cette fois sur la discipline, et l'Assemblée fut envahie par les pétitionnaires ; on sait le reste.

Telle est, je crois, l'exacte vérité : si un complot eut existé, les conspirateurs, une fois dans la Chambre, auraient-ils attendu deux heures pour en chasser les représentants ? Non ; mais l'appétit vint en mangeant, suivant l'expression de M. de Lamartine. L'attitude bruyante, mais d'abord inoffensive, des orateurs, ne changea qu'au moment où se produisit la motion d'Huber, motion qui décida la retraite de l'Assemblée.

Toutes les circonstances démontrent la fortuité de l'envahissement. Nulle précaution n'est prise après ce succès inespéré pour prévenir soit le retour des représentants à l'Assemblée, soit une attaque des gardes nationaux et des soldats ; concevrait-on tant d'impré-

5

voyance et d'irrésolution de la part d'hommes dont quelques-uns avaient donné des témoignages éclatants d'habileté et d'énergie, les conjurés surtout ayant sous leur dépendance la police, la garde mobile, les montagnards et des compagnies dévouées de la garde nationale !

## V.

L'échauffourée de mai frappa au cœur la cause populaire. La réaction, déjà violente et haineuse, sentit s'accroître son audace. Opérer l'arrestation des individus les plus compromis dans cette journée fatale, décrier la révolution, en essayant de flétrir ceux qui en avaient été tout à la fois les apôtres et les soldats, faire remonter jusqu'au pouvoir même la responsabilité de l'attentat et l'atteinte de la calomnie, laisser planer un soupçon de complicité sur les membres les plus considérables de la Commission exécutive et faire tomber des accusations formelles contre Caussidière et Louis Blanc, entraîner, à la grande douleur des patriotes sincères, des républicains de la veille, honorés jusqu'alors dans leur parti, à servir d'instruments à des mesures imprudentes, à des persécutions imméritées, tels furent les actes scandaleux par lesquels la réaction signala son accidentel triomphe.

M. Portalis le premier attacha le grelot, en réclamant, avec plus de zèle que de sens, l'autorisation de poursuivre le préfet de police et l'ancien président des travailleurs au Luxembourg. Longtemps la Commission exécutive résista à cette demande, ne la trouvant ni opportune au point de vue politique, ni fondée sur des motifs valables ; mais le procureur néophyte, soutenu d'ailleurs par deux membres de la Commission elle-même, appartenant à la nuance du *National*, finit par l'emporter. La majorité eut, en effet, la main forcée par l'offre d'une démission qu'elle ne pouvait accepter sans paraître vouloir soustraire des coupables à la vindicte publique. Tout en réservant son droit d'appréciation, elle laissa M. Portalis libre d'agir à ses risques et périls. C'est ainsi que l'affaire fut portée devant l'Assemblée.

Les bases en étaient fragiles, la donnée pitoyable ; la prévention avait grossi jusqu'à la criminalité des faits puérils jusqu'à l'insignifiance. Louis Blanc, accusé, vit diriger contre lui, pour principal grief, une phrase prononcée dans les entraînements de l'improvisation et arrachée à l'émotion de la surprise. Chose inouïe ! loin d'être un encouragement aux envahisseurs, comme on l'a prétendu, cette phrase aurait été, en supposant son exactitude, précisément tout ce qu'il y avait de mieux à dire pour apaiser les esprits et les amener à des dispositions plus réfléchies ; quant à son coaccusé, cet homme si franc, si loyal, si énergique, auquel Paris dut peut-être son salut dans les jours difficiles, on lui imputait surtout à crime ses relations avec de vieux amis, sa tolérance pour quelques-uns de leurs écarts, comme si cette conduite, rendue doublement obligatoire par le souvenir des liens qui les avaient unis et l'appui qu'il en recevait encore, impliquait nécessairement une forfaiture à ses devoirs.

Si l'Assemblée eut été sagement inspirée, elle eut mis au néant une incrimination dérisoire qui ne pouvait qu'entraver ses travaux, produire la division dans ses rangs, agiter le pays qui aspirait si naturellement au repos. Mais l'aveuglement raisonne-t-il? Une commission fut nommée, qui, sans produire aucune allégation nouvelle, conclut à l'autorisation par l'organe de M. J. Favre, l'ex-défenseur de toutes les causes antimonarchiques, et cette fois, l'ardent accusateur des républicains.

A la vérité, la Commission n'avait pas tout dit. Ayant jugé convenable de ne pas divulguer certains faits qu'elle avait appris, elle sollicitait un vote de confiance. Tant d'outrecuidance dépassait les limites. Il était impossible que l'Assemblée se laissât ainsi imposer par quelques commissaires un double ostracisme. Elle voulut connaître le fameux secret qui, du reste, n'en était plus un, grâce aux indiscrets. « M. Louis Blanc, disait-on, avait été vu à l'Hôtel-de-Ville, le 15 mai. » Celui dont on tenait ce propos était M. Marrast lui-même. Or, M. Marrast présent ne s'empresse pas de le démentir ou de le confirmer. On l'invite à s'expliquer; il fait mine de ne pas entendre. Les sommations se multiplient, il répond qu'il n'obéit pas aux sommations. Enfin, adjuré de nouveau par M. Louis Blanc, dans les termes les plus énergiques, il finit par déclarer que si, pendant longtemps, il a eu foi dans ce bruit, sa conviction a été totalement modifiée par des informations ultérieures.

Mais pourquoi ce tardif hommage à la vérité ? Quoi, vous savez cette accusation calomnieuse, et vous vous taisez ! Loin de confesser loyalement votre erreur, vous l'accréditez par votre silence ; il faut qu'on vous arrache cet aveu, dans une circonstance solennelle. Il y a vraiment quelque chose d'inqualifiable dans un procédé pareil. Quand on le rapproche surtout de la conduite tenue par les républicains de la même école, de l'affectation que mettait la Commission à ne point livrer au grand jour de la publicité un fait qui n'avait rien de mystérieux en lui-même, des négociations notoirement suivies avec le parti dit de la République modérée, toutes les suppositions sont possibles, sont légitimes. Le sang de l'innocent aurait-il été le prix d'une nouvelle entente cordiale ? O race éternelle des Judas, des Caïphe et des Pilate !

L'Assemblée, toutefois, à une assez faible majorité, se prononça contre l'autorisation demandée. Malheureusement, comme si elle se fût repentie d'avoir été juste, elle ne tarda pas à se montrer imprudente. Plus le pouvoir avait besoin d'être fort, plus il semble qu'elle ait pris à tàche de le déconsidérer et d'achever sa ruine.

Après l'insuccès de son réquisitoire, M. Portalis se démet de ses fonctions de procureur-général de la République. Aussitôt, en haine de la Commission exécutive, l'Assemblée nomme le démissionnaire à la vice-présidence. Et ce rude soufflet n'est pas le seul qu'elle inflige à cette Commission. Peu de jours se passèrent sans qu'elle lui donnât quelque nouvelle marque de son hostilité et de sa défiance.

Une critique malveillante s'attachait aux projets de loi présentés par le ministère. Plusieurs étaient repoussés sans motifs plausibles ; quelques-uns, sur lesquels pesait d'avance une sorte de flétrissure morale, furent retirés sans avoir subi l'épreuve de la discussion publique. Ceux que l'urgence forçait d'accueillir n'étaient souvent adoptés qu'à une majorité très-faible et avec des modifications qui en altéraient l'essence. L'opposition du pouvoir était aussi un gage de succès pour toutes les propositions émanant de l'initiative parlementaire, propositions qui tendaient, pour la plupart, à détruire les mesures les plus libérales du Gouvernement provisoire. Et les plus ardents, dans cette lutte inique, ne dissimulaient ni leur sentiment ni leur but : c'était la révolution elle-même que l'on poursuivait dans la personne de ceux qui avaient présidé à sa naissance et à ses développements.

Des moyens plus déloyaux et d'un effet plus certain encore étaient employés par le parti anti-national. Sa tactique consistait surtout à mettre directement en cause la Commission exécutive ou quelqu'un de ses membres, tantôt en suspectant leurs intentions, d'autres fois en signalant des dilapidations sur lesquelles on appelait le jour d'une enquête. Il n'y avait point de dénonciation perfide, de sale anecdote circulant dans les feuilles de l'honnête réaction qui ne trouvât un écho à la tribune nationale. Certains orateurs, qui peut-être n'ont dû qu'à la révolution de sortir de l'obscurité où ils étaient plongés, croyaient s'acquérir des titres en donnant l'exemple d'un si scandaleux dévergondage; et, malheureusement, loin de réprimer, comme ils l'eussent mérité, ces casse-cou politiques, l'Assemblée semblait les encourager en prêtant à leurs diatribes une oreille complaisante, en applaudissant imprudemment à leur audace.

Ces débats oiseux et irritants, sans cesse renouvelés, absorbaient un temps précieux et déconsidéraient l'Assemblée dans l'opinion populaire. Par cette conduite inintelligente, la représentation nationale rendait plus profonde encore la division des esprits que son devoir était de calmer et de rapprocher. Elle s'exposait elle-même aux plus grands périls; car, où serait son bouclier contre une seconde tentative de renversement, lorsqu'elle n'aurait plus, pour la sauvegarder, qu'une autorité inconsistante et sans prestige?

On ne conçoit pas, d'ailleurs, comment la Commission exécutive a pu continuer ses fonctions dans les conditions humiliantes qui lui étaient faites. Elle s'est trompée si elle a cru que le salut public exigeait d'elle ce sacrifice. Les circonstances difficiles réclament particulièrement un pouvoir fort et incontesté; et ce fut vraiment un affligeant spectacle que de voir d'une part, l'Assemblée, hostile à la Commission exécutive qu'elle-même avait créée, n'avoir le courage ni de la renverser, ni de la soutenir, de l'autre, cette même Commission, qui, se sentant débordée et impuissante, acceptait bénévolement la responsabilité d'une situation gigantesque.

## VI.

C'est dans ces entrefaites que se firent les élections de juin. Une sorte de trève s'établit entre les partis. Des deux côtés on se prépara avec ardeur à la lutte électorale. Le peuple avait ses candidats. Parmi les siens, la réaction comptait M. Thiers. Ce nom, déplorablement significatif, était un insolent défi à la multitude. Malgré son semi-libéralisme et son opposition directe au roi, M. Thiers, de tous les serviteurs du régime déchu, était l'un des plus compromis. Il avait ordonné les massacres de la rue Transnonain ; les infâmes lois de septembre

étaient son œuvre ; on devait à sa complicité les bas-
tilles liberticides dont Paris a déjà éprouvé les effets et
qui causeront sous peu la ruine de cette capitale. Son
appui avait, enfin, assuré le succès du décret qui in-
vestissait de la régence éventuelle M. de Nemours, le
prince impopulaire.

Tous ces souvenirs étaient ineffaçables, et rien, dans
la vie de M. Thiers, ne venait les contrebalancer. Jamais
le cœur de ce froid politique ne s'était montré sympathique aux souffrances des classes indigentes ; et sous le
rapport de la liberté il était au-dessous de M. Guizot
lui-même. M. Guizot, en effet, avait constamment dé-
siré l'adjonction des capacités, tandis que M. Thiers,
lors de la fameuse campagne des banquets, entreprise à
son profit par M. Barrot, bornait tous ses vœux à une
insignifiante réforme parlementaire, dont il attendait,
non pas une extension réelle des droits électoraux, mais
seulement la satisfaction de son ambition personnelle.

Doué d'une circonspection patriotique, M. Thiers
aurait jugé que son heure n'était pas venue. Ses prévisions avaient été tellement dépassées qu'il aurait dû
même sentir le besoin de méditer, dans le silence d'une
retraite momentanée, les problèmes nouveaux dont son
attention avait été distraite par une politique vague.
Mais l'ambition est avide et l'orgueil ne raisonne pas.
Dans son impatience de rentrer sur la scène et pour ne
pas échouer comme à la première élection, le voltairien

n'avait pas rougi de se faire jésuite et de placer sa candidature sous le patronage du clergé, son ancien adversaire (1).

Or, la nomination de M. Thiers présageait de rudes combats. Aucune de ses illusions n'était détruite et il aurait à venger les blessures de son amour-propre. Infailliblement, il allait devenir l'âme, le chef ardent de cette coalition contre-révolutionnaire qui avait déjà fait tant de mal au pays. Plus son talent avait de puissance, plus il apparaissait redoutable ; il fallait s'attendre à voir remettre en question les mesures dont les classes laborieuses espéraient leur délivrance. La République, elle-même, pouvait être compromise, détruite, anéantie. A ce seul penser, les cœurs se gonflaient d'indignation et de colère.

L'explosion menaçait d'être terrible, si le nom fatal sortait de l'urne, comme il en sortit, en effet. Parmi les élus, toutefois, figuraient plusieurs défenseurs intrépides des intérêts populaires. Caussidière fut absous des soupçons qui avaient pesé sur lui par 141 mille suffrages. 80 mille voix envoyaient également à l'Assemblée

(1) M. Thiers donne de ce revirement une singulière raison. « Mon effort, dit-il, se porte ou j'entrevois le danger. » C'est-à-dire que son système de gouvernement consiste dans l'absence même de principes, dans une politique d'expédiens. O grand homme d'Etat ! Comme il est facile de justifier ainsi toutes les palinodies !

Pierre Leroux, Proudhon et Ch. Lagrange. Ces nomi-
nations patriotiques consolèrent le peuple du triomphe
de M. Thiers. Quelques rassemblements furent la seule
protestation des ouvriers contre une élection émanée
des traditions et des espérances dynastiques ; et si, alors,
quelque mesure propice aux travailleurs eut été prise, si
une amnistie salutaire eut rendu la liberté aux captifs
de Vincennes, une conciliation fraternelle eut pu s'ef-
fectuer. Du reste, l'élection de juin eut ce caractère remarquable, que la question révolutionnaire fut nettement posée. Cette fois, la lutte se passa exclusivement
entre la bourgeoisie et le peuple. Les candidats du parti
intermédiaire, représenté par le *National* et le *Siècle*,
subirent un échec complet.

Une autre nomination, celle de M. Louis Bonaparte,
élu dans 5 départements, vint à la même époque jeter
le Pouvoir dans les plus vives perplexités. Le Gouvernement provisoire ni l'Assemblée n'avaient su prendre
à son sujet une décision formelle. On recueillait le fruit
des ces hésitations. Les cousins avaient été admis : se-
rait-on plus sévère pour l'ex-prétendant à l'Empire ? Si
son élection avait eu lieu dans les conditions modestes
qui avaient signalé la leur, si comme eux, il eut donné
une franche adhésion à la République, la sympathie
qui s'attache au glorieux nom de l'empereur eut étouffé
toute appréhension ; mais loin de calmer les craintes, la
manière dont se produisait M. Louis tendait, au con-

traire, à les augmenter. Ses lettres, ses protestations, artificieusement écrites, dissimulaient mal ses arrière-pensées. Dix journaux napoléoniens le dénonçaient d'avance comme chef de la République. Des images, dans lesquelles son portrait était accolé à celui de son oncle, des médaillons à son effigie, figuraient sur toutes les places publiques, se colportaient jusque dans les moindres campagnes. De l'argent, quelle qu'en fût la source, était répandu avec profusion à Paris ; et particulièrement dans la banlieue.

Cependant, et malgré l'opposition de la Commission exécutive, l'Assemblée valida l'élection. Elle était même disposée à abroger la loi de bannissement concernant la famille Bonaparte, lorsqu'elle reçut de M. Louis une lettre annonçant sa prochaine arrivée, et dans laquelle étaient contenues ces étranges paroles : « Si la France m'impose des devoirs, je saurai les remplir. »

La conspiration était patente. C'était là bien évidemment un appel à la population parisienne, et M. Louis comptait, pour son élévation, sur l'enthousiasme que devait provoquer son apparition. L'effet ne répondit pas à son attente. Sa témérité, accueillie par une indignation générale, aurait vraisemblablement entraîné la prorogation de son exil. Le parti napoléonien s'aperçut de la faute commise ; et pour en conjurer les suites, une nouvelle lettre venue, comme par miracle, de Londres, apporta dès le lendemain à la tribune la démission de M. Louis Bonaparte. Dans l'état d'effervescence où se trouvait le pays, M. Louis, y était-il dit, craignait que son nom ne servît de prétexte aux agitateurs.

Satisfaite de ce dénouement, l'Assemblée laissa périmer l'affaire : c'était manquer à ses devoirs. Les projets de M. Louis s'étaient trop ouvertement dévoilés pour que la France dût rester exposée à des tentatives aventureuses. Il fallait, si l'Assemblée répugnait à l'exil, le déshériter pendant quelques années encore de l'exercice des droits politiques. Quels titres M. Louis avait-il à une faveur exceptionnelle? Loin de constituer un droit, la parenté dont il revendiquait l'honneur ne pouvait être qu'une obligation gênante ; car des noms comme celui de Napoléon ne grandissent pas ; ils écrasent. Depuis quand, enfin, la sécurité publique méritait-elle moins de sollicitude que l'ambition insensée et coupable d'un prince?

Mais l'Assemblée nationale *n'osa* pas *oser*.

Plus terrible encore s'offrait la question des ateliers nationaux. Ces ateliers avaient pris une extension démesurée et occasionnaient d'énormes sacrifices auxquels le trésor obéré ne pouvait suffire. Ces dépenses, en outre, étaient improductives, et il était difficile qu'il en fût autrement, en l'absence d'une organisation primitive, qui eût permis de procurer à tant d'individus déclassés un travail approprié et utile et de prévenir le gaspillage par une comptabilité rigoureuse. Une pareille agglomération, militairement embrigadée, était d'ailleurs une menace perpétuelle pour l'ordre social. Chacun sentait la nécessité de dissoudre ces ateliers. Les ouvriers eux-mêmes étaient loin de se complaire dans cette situation nouvelle. Mais comment parvenir à ce résultat en présence du chômage forcé de toutes les industries ?

Cet obstacle était un de ceux dont on ne triomphe pas par les moyens ordinaires. Il fallait trancher dans le vif, créer, comme nous l'avons indiqué, des ressources extraordinaires, faciliter, par des primes suffisantes, le désencombrement des manufactures, multiplier sur tous les points les travaux d'utilité publique. Un grand nombre de travailleurs seraient rentrés par suite dans leurs ateliers ; d'autres auraient été partiellement évacués dans toutes les directions. Il ne serait plus resté que la masse des gens de main dont les bras auraient été régulièrement utilisés, que quelques ouvriers de luxe, dont la bienfaisance générale ou privée aurait aisément soulagé les besoins. Les ateliers nationaux se seraient ainsi dissous insensiblement, sans secousse, sans efforts et sans périls.

Mais M. Thiers avait prononcé, et le comité des finances avait répété cette barbare sentence : « Laissons stoïquement passer la crise. » Le commerce sera ruiné, les faillites pulluleront, la propriété elle-même subira de lourds sacrifices ; des milliers d'individus s'éteindront dans la misère : les uns iront pourrir dans les prisons , les autres dans les hospices d'aliénés , d'autres, enfin, seront conduits au suicide par le désespoir : qu'importe ! *l'équilibre finira par se rétablir !*

Comment un tel système, qui bannissait la pitié, n'eût-il point abouti à la guerre civile ? Ces nombreux détachements d'ouvriers envoyés en Sologne, d'où, faute d'abris et de travaux organisés, la plupart se trouvent obligés de revenir ; ces enquêtes, par suite desquelles on exile tous ceux qui, depuis trois mois à Paris, ne peuvent justifier de leurs moyens d'existence ; la capitale fermée aux émigrants de province ; l'injonction faite aux maires des communes d'empêcher l'expatriation des travailleurs ; ces enrôlements forcés sous condition ; ces aumônes périodiques tombées de la tribune comme une injure : tout se réunissait pour éveiller la défiance , aviver les ressentiments et déchaîner les tempêtes.

La brusque dissolution des ateliers nationaux entraînait une lutte inévitable, pressentie par les rassemblements journaliers qui la précédèrent. Personne n'a encore donné une explication satisfaisante du caractère de ces mouvements, ainsi que du projet d'un banquet monstre à 25 centimes. Leur objet, selon toute apparence, était d'engager l'Assemblée à réfléchir, et de prévenir une extrémité terrible. Quand le décret de dissolution fut rendu, ces rassemblements, en effet, redoublèrent, et, la veille même des événements, une députation des ateliers nationaux se présenta chez M. Marie en vue d'une conciliation : on sait comment ces réclamations ont été accueillies, les récriminations inconvenantes du ministre, l'insulte faite à l'un des délégués.

Or, si l'on est imprudent en inspirant aux ouvriers des espérances exagérées, on est toujours coupable en les irritant volontairement par des injustices. MM. Grandin, de Falloux et Dupin, par leurs propos injurieux à l'Assemblée, fomentèrent plus activement l'insurrection que ne le firent les écrits des socialistes les plus exaltés. Rien n'égale l'impression causée par les froids sarcasmes de l'illustre procureur général. La réponse de M. Marie combla la mesure ; la lutte commença.

Couvrons d'un voile ces journées funèbres, ces fureurs sauvages, cette intrépidité égale des deux parts et si tristement dépensée. Sur un drapeau était écrit : *Ordre !* sur l'autre : *Droit de vivre !* deux principes sacrés. Ah ! que n'a-t-on employé à s'entendre cette ardeur qu'on a mise à s'entre-détruire ! La France ne serait pas veuve de tant de généraux illustres, de tant de braves soldats, de tant de généreux citoyens tombés dans cette guerre fratricide ! Qui doit encourir le blâme de ces terribles désastres? Si le peuple, mal conseillé par la faim, a eu tort de désespérer de la bourgeoisie, la bourgeoisie, dominée par les préjugés, a eu tort de méconnaître les sentiments du peuple. L'Assemblée a péché par ignorance, la Commission par faiblesse. Tous ont été en proie à un déplorable vertige. Le crime, s'il existe, appartient à ces scélérats qui, spéculant sur les divisions de la patrie, se sont appliqués à les fomenter dans l'intérêt de leur cupidité ou de leur haine.

## VII.

L'insurrection de Juin pouvait être le tombeau de la Révolution. Déjà les dynastiques de toutes les couleurs se préparaient à suivre ses funérailles ; mais une chance providentielle remit à flot le vaisseau chancelant de la République. Cavaignac, surgi du milieu de la tempête, se trouvait être un enfant de la démocratie, à laquelle l'attachaient la mémoire de son père, de son frère et ses propres antécédents. Il avait à ses pieds toute la bourgeoisie, reconnaissante, émue, tremblante encore ; car elle avait compris que le 23 juin n'etait pas un 16 avril, et qu'en dépit de la vaillante résolution avec laquelle elle avait fait le coup de feu, sans le secours de la mobile et de l'armée, ce n'eut pas été pour elle la victoire, mais la défaite. Sans doute, Cavaignac avait répandu le sang de ses frères ! Ainsi l'avait voulu la fatalité. Que fut devenue la France, si l'insurrection eût été victorieuse? Peut-être serait-elle aujourd'hui en proie à une guerre provinciale! Mais la confiance de ceux mêmes qu'il avait si rudement châtiés ne l'avait point abandonné. Plus le sacrifice qui lui fut imposé par la nécessité avait dû coûter à son patriotisme, plus on était porté à croire qu'il tiendrait à honneur, dans l'admirable position qui lui était faite, de signaler sa conduite par une marche vraiment républicaine. Un rayon d'espoir luisait au fond des cœurs attristés !

L'illusion, malheureusement, n'a pas tardé à s'évanouir. Chacun de ses pas fut marqué par une faute. Non, qu'à nos yeux, M. Cavaignac ait mérité les accusations passionnées qu'on lui a prodiguées dans ces derniers temps : un seul jour ne transforme point en un ambitieux, qui veut fonder dans le sang de ses concitoyens un pouvoir éphémère, un homme de 46 ans, dont toute la carrière a été irréprochable et le caractère honoré; mais chez le soldat valeureux et le général habile, façonné à la vie des camps, la science sociale ne répondait point aux bonnes intentions.

Ayant tout à apprendre comme administrateur et comme homme d'État, dépaysé profondément au sommet des affaires, il dut, pour suppléer à son insuffisance, s'appuyer sur les hommes en qui il avait naturellement pleine confiance, et à l'appui desquels il devait en partie sa fortune. Rattaché au *National*

par ses sympathies , il s'abandonna à son souffle sté-
rile, crut faire avec lui du juste-milieu républicain,
et devint, sans s'en douter, le complice de sa défec-
tion et l'instrument de ses rancunes.

L'insurrection avait été matériellement vaincue ; il
fallait, par un intelligent effort de magnanimité, assurer
sa défaite morale. L'Assemblée nationale et le Pouvoir
exécutif, écoutant la colère, alors qu'ils n'auraient dû
écouter que la pitié, votèrent le monstrueux décret de
transportation. Si l'on en excepte les généreuses paroles
de Pierre Leroux, aucun mot de tolérance ne se fit
entendre dans une Chambre où se tinrent impassibles
vingt ecclésiastiques, vingt représentants d'un Dieu de
tolérance et d'amour.

La terreur fut organisée à Paris. Les troupes y pul-
lulèrent. On ne se borna pas à l'incarcération des insurgés pris les armes à la main ; ce fut une émulation
incroyable de dénonciations, de délations, d'arresta-
tions. Jamais, aux plus mauvais jours de l'histoire, on
ne constata de triomphe plus cruel, de victoire plus
implacable. Telle fut la fureur de répression, qu'on
décerna des mandats d'amener contre des personnes
mortes depuis plusieurs années ; et que la vengeance
ne s'arrêta que devant la lugubre impossibilité du cer-
cueil. Au plus fort du combat, une proclamation de
l'Assemblée nationale avait promis d'amnistier les in-

surgés qui déserteraient la lutte. Cette promesse, so-
lennellement donnée pendant la bataille, fut violée
après la victoire : aucune distinction ne vint séparer,
dans la répression, les insurgés des premiers et des
derniers jours. L'innocence fut ainsi confondue avec
le crime, et l'entraînement passager avec la préméditation complète. Les souterrains des monuments publics, les casemates des forts offrirent un refuge aux
prisonniers, à quelques-uns d'eux une tombe. Ils y
périrent d'asphyxie. Pour jeter au monstre de l'ordre
l'immense proie dont il se montre avide, on ne recule
devant aucune des impossibilités d'un gigantesque
procès ; on brave les alarmes des familles, les inquié-
tudes de la cité, les dangers de l'agitation publique.
Cavaignac, cependant, avait prononcé ces paroles :
« Que mon nom soit maudit, si dans les vaincus je
consentais à voir des victimes ! »

La fameuse enquête, qui prouva ce que valent certaines réputations, révéla encore les fatales tendances
auxquelles obéissait le Pouvoir exécutif. On se rappelle
et le but de cette enquête, et le travail de la Commission. C'était la révolution citée à la barre de la monarchie. La plupart des commissaires, à commencer par
M. Barrot, étaient, en effet, d'ex-dynastiques, qui, loin de
se récuser dans leur position exceptionnelle, comptaient
bien profiter de l'occasion pour humilier le régime

nouveau. Toutefois, malgré l'art perfide avec lequel les faits avaient été groupés et grossis, un avortement paraissait inévitable. On s'était imaginé rencontrer les fils d'une conspiration étendue. Le rapport dirigé contre MM. Ledru-Rollin, Louis Blanc et Caussidière, ne contenait que des imputations isolées, insignifiantes, connues de tous. L'Assemblée, mécontente, désira savoir sur quels documents étaient basées ces imputations ; elle obtint, malgré l'opiniâtre résistance de la Commission, l'impression de toutes les pièces.

Cette résolution contraria vivement le *National*. Il craignait la publicité pour plusieurs de ses amis à qui la passion avait dicté des dépositions ridicules et odieuses. Alors s'ourdit dans ses bureaux une trame machiavélique. Chaque jour, le *National*, au nom du salut public, suppliait la Chambre et le Gouvernement de conjurer l'ouverture d'une discussion orageuse et de renvoyer l'affaire devant les tribunaux. Il invoquait, dans son hypocrisie, jusqu'à l'intérêt des prévenus eux-mêmes. Singulier intérêt que d'abandonner une mission confiée par le peuple, et de s'exposer, en attendant l'issue d'un procès soumis à d'aveugles préjugés, à subir les rigueurs de l'exil ou d'une détention préventive indéfinie !

Hâtons-nous de le remarquer, cette infamie ne se réalisa pas, mais il se joua une autre comédie non moins indigne. Nul n'a oublié le changement de scène imprévu, le dénouement théâtral auquel M. Cavaignac circonvenu se prêta si merveilleusement dans la séance du 25 août, la lecture du réquisitoire de M. Corne contre Caussidière et Louis Blanc au moment où l'ordre du jour venait d'être prononcé sur le rapport de la commission d'enquête, la pression exercée sur l'Assemblée à qui l'on ne permit pas d'ajourner sa décision au lendemain, le vote enfin par lequel celle-ci se déjugea en accordant l'autorisation demandée, bien qu'aucune charge nouvelle n'eût été produite contre les prévenus depuis que la majorité les avait absous de toute participation aux événements du 15 mai. La journée fut bonne pour le *National*; car, en frappant des rivaux contre lesquels il n'avait cessé de nourrir d'ardentes antipathies, il cimentait avec la réaction son pacte d'alliance. Mais cette journée fut cruelle pour le général Cavaignac ; elle a marqué une triste page dans son histoire. Tomber si bas! Fils d'un conventionnel, frère d'un martyr, républicain par les souvenirs, par le sang, par l'éducation et le cœur, n'être plus qu'un instrument docile en des mains coupables, le comparse d'un théâtre où se meut la révolution défigurée !

Quiconque fait consister la force d'un gouvernement dans l'observation des principes ne saurait non plus approuver les mesures dont la presse fut l'objet. Le cautionnement constitue, nous l'avons vu, la loi en état de révolte contre le droit des citoyens et légitime l'in-

sürrection. Quant à la suspension des journaux, elle
fut un acte de violence et d'arbitraire. L'entreprise des
feuilles périodiques est aussi une propriété : en suspendre la publication, ce n'est pas seulement entraver la
circulation des idées, c'est causer en même temps la
ruine des actionnaires, briser l'existence du nombreux
personnel qu'elles nécessitent. Ces intérêts sacrés méritent considération, même sous le régime dictatorial.
Dans ce cas, d'ailleurs, l'autorité omnipotente peut
contenir sans abattre. Il n'est guère de journalistes
qui, comprenant la gravité des circonstances, ne se rendissent à un appel bienveillant fait à leur modération.
Ceux, du moins, que n'arrêteraient point un procédé
convenable et des injonctions réitérées, n'auraient à
s'en prendre qu'à eux-mêmes des conséquences de leur
acrimonie intempestive.

Par cette persécution imprudente, le pouvoir s'attira
des haines et des obstacles. On put même voir derrière
l'excuse élastique du salut public une cause cachée et
honteuse. La suspension de certains journaux avancés
n'était-elle point une immolation accordée aux impérieuses exigences du parti réactionnaire, à la vengeance
d'une feuille amie ? Loin d'être hostile au gouvernement
de juin, ces journaux, par leur énergie même, étaient
pour lui d'utiles auxiliaires. Il ne voulaient pas le renverser, mais le retenir sur la pente où il s'engageait ;
son intérêt eut été de les ménager. Sans ce contrepoids,

en effet, réduit au *National*, devenu l'organe officiel, il lui était impossible de se maintenir dans la ligne politique qu'il s'était tracée ; il lui fallait, cédant au cóurant, dévier de son origine, s'absorber dans le camp ennemi, se perdre. Qu'eut-on pensé autrefois des patrons du *Constitutionnel* et du *Siècle,* qui auraient répudié l'appui de M. Marrast dans leur lutte contre M. Guizot ?

C'est en substituant ainsi le caprice à la règle qu'on accumule les périls. La séquestration de M. de Girardin, prolongée sans motifs acceptables et sans indices suffisants, fut non-seulement un déni de justice, ce fut une faute, expiée déjà par de bien cruelles amertumes et qui peut-être coûtera cher à la France. On triomphe, avec le canon, d'une révolte ; la conscience publique échappe à toute force humaine.

Et ce n'est point là une question de personne ; la sympathie n'entre pour rien dans cette appréciation sévère. De tous les écrivains qui ont vomi l'injure, exploité la diffamation, propagé la calomnie, aucun n'égala le rédacteur en chef de la *Presse;* et certes, si la seule conviction autorisait à frapper un conspirateur, jamais coup n'aurait tombé plus juste. Nul, en effet, ne peut se vanter d'avoir contribué aux désastres qui, depuis huit mois, ont affligé le pays, autant et plus sciemment que M. Emile de Girardin, serpent protéiforme, si habile à distiller son venin.

Tout d'abord la République lui sourit; il la caresse, l'adule; il ne voit désormais que cette seule forme possible, et dans son enthousiasme, il s'écrie : *confiance! confiance!* Son zèle même le porte à s'inscrire pour une somme de 10 mille francs à la souscription des blessés de Février ; à faire amende honorable au tombeau d'Armand Carrel, sa victime. Mais la caisse de sa feuille s'épuise, il se voit à regret obligé d'ajourner indéfiniment le paiement de sa souscription. Tout à coup un revirement s'opère ! Son illusion pour la République diminue; il la met en balance avec la monarchie à laquelle il donne quelques larmes, se prend à douter de sa viabilité, et vraisemblablement dans le but de l'affermir, s'applique à la renverser.

Comme ballon d'essai, il lance en pâture à la discussion cette proposition significative. « Si l'Assemblée nationale croyait devoir repousser la forme républicaine, opposerait-on la force à l'Assemblée? » Cette proposition, jetée, on ne sait à quel propos, fait naître une certaine rumeur. Dans les clubs, où elle devient le sujet de discours véhéments, on la soumet aux candidats qui se proposent pour les grades de la garde nationale. Les journaux aussi s'en occupent un moment; on provoque des explications; mais M. Emile de Girardin se garde bien d'y répondre; son but était atteint : il avait tiré d'une goutte d'encre le germe d'une guerre civile.

6

Une immense erreur de la presse républicaine est, à mon avis, de n'avoir point étouffé à sa naissance cette question captieuse qui devint, d'une manière inaperçue, mais certaine, le lien d'une dangereuse conspiration entre tous les monarchistes. Depuis le *Constitutionnel* jusqu'à la *Gazette de France*, tous préconisent le respect absolu du vœu des majorités, fondant leur espoir d'une restauration héréditaire sur ce que M. de Genoude nomme l'*appel à la nation.* C'est la confusion régnant sur ce point qui, faisant naître un fol espoir chez M. Thiers, a encouragé ses intrigues, fomenté son audace, suscité les indiscrétions dont la rue de Poitiers elle-même s'est scandalisée, déterminé enfin son incroyable vote en faveur de M. Louis Bonaparte.

Or, il est bon de le proclamer, cet *appel à la nation*, stupide niaiserie, n'a d'autre base qu'un sophisme. Hérédité monarchique et appel à la nation impliquent contradiction; car, apparemment, la génération actuelle n'a pas la prétention d'enchaîner les générations à venir. Cet appel, auquel on aura procédé aujourd'hui, peut être renouvelé demain, dans six mois, dans deux, dans dix ans. Alors que devient une hérédité soumise ainsi à une revendication perpétuelle? Et si elle est une déception, pourquoi l'établir? Supposons des forces qui se balancent, et que, soit par émigration ou maladie, un déplacement de voix s'effectue : voilà donc une majorité transformée en minorité qui domine la majorité véritable !

L'opinion, d'ailleurs, est très-mobile ; mille causes l'influencent et l'égarent ; si des électeurs viennent à s'apercevoir qu'ils ont commis une erreur grave, ils seront donc, eux et leurs descendants, contraints d'en subir à perpétuité les conséquences. Et quand même on admettrait le réappel au peuple, croit-on qu'un monarque, avec ses légions de fonctionnaires et l'armée dont il dispose, n'aurait pas la puissance de transformer aisément ce droit en une formalité illusoire ?

J'entends dire : Mais votre argumentation est applicable aussi bien à la république qu'à la monarchie. Mille fois non ! La monarchie crée un privilége qui s'étend du privilégié à sa famille, à son entourage, à toutes leurs créatures ; elle dispose aux abus et aux empiétements ; car il est de l'essence de toute autorité de chercher à s'agrandir et à accaparer ; elle expose à tous les inconvénients qui peuvent résulter des vices, de l'incapacité et de la décrépitude du monarque, d'une régence, etc. Sous la forme monarchique, le citoyen fait abdication de sa souveraineté, puisque, si capable qu'il soit, il ne lui est plus permis d'ambitionner un poste déjà occupé, ni même des dignités supérieures qui dépendent de la fantaisie royale. Or, la majorité n'a pas le droit d'imposer à la minorité cette abdication

destructive de l'égalité. Il y a plus, elle ne saurait se
l'imposer à elle-même sans un suicide que la morale
réprouve comme un crime, ou que la science guérit
comme un acte de folie. Une République bien organisée, gouvernement de tous par tous, consacre tous les
droits ; elle n'en viole aucun. Le talent, la vertu y ont
leur développement inévitable, leur ascendant légitime. La mobilité du gouvernement favorable à tous les
progrès, à tous les changements nécessaires, est en
même temps une garantie contre les passions ou les
défaillances des gouvernants ; aussi, les protestations
qui s'élèvent perpétuellement contre les monarchies
sont-elles inconnues dans les états républicains. Il est
arrivé que des ambitieux, exploitant l'ignorance des
masses et un prestige personnel, sont parvenus à con-
fisquer des républiques ; on n'a point d'exemple qu'un
peuple ait protesté contre elles.

Telle est la distinction essentielle qu'il convient de
faire. Le droit des majorités a ses limites naturelles. Une
majorité n'a pas plus la faculté de détruire la forme républicaine, c'est-à-dire la souveraineté du citoyen, que
de ravir à la minorité son existence ; elle ne saurait également sans crime en effacer les attributs, c'est-à-dire,
le suffrage universel, la liberté de la presse sans entraves et le droit de réunion. On parle de doctrines subversives : je n'en connais point qui présente à un plus

haut degré ce caractère, que celle de M. Thiers et des monarchistes sur la prépondérance des majorités ; de plus séditieuse, de plus grosse de luttes, de plus féconde en déchirements que le fameux appel à la nation de M. de Genoude.

Quoi qu'il en soit, après avoir ainsi ému l'opinion, *la Presse* demeure fidèle au rôle de destruction qu'elle s'est tracé : elle ne cesse d'étaler un lugubre bilan des désastres causés par la République, de poursuivre de ses outrages, de ses calomnies, de ses insinuations odieuses, tous les hommes de la révolution, membres du Gouvernement provisoire, de la Commission exécutive ou autres, de fomenter leurs divisions intestines, de soulever contre eux tous les mauvais penchants de l'Assemblée. Au 15 mai, elle pousse un atroce cri de vengeance contre Louis Blanc que déjà tant de préventions environnent. A une heure qu'elle croit propice, elle publie de longues lettres du Prince de Joinville et affiche prématurément ainsi les trahisons d'une conscience sans scrupule et d'une immoralité implacable. Jeu honteux et maladroit qui, en mettant à nu le charlatan politique, détruit instantanément l'échafaudage de son ambition, et fait échouer sa candidature !

Mais tout n'est pas dit encore pour M. de Girardin : le tambour bat dans les rues, les barricades s'élèvent, les balles sifflent, le sang coule ; ici tombent des citoyens généreux, là des Français égarés ; les cadavres s'amoncellent ; Paris tout entier est en feu ou en larmes ; et cependant, un homme est debout sur ces cadavres, les pieds dans le sang, l'ironie à la bouche, calme, sans émotion, sans pâleur, sans trouble, évoquant avec une joie farouche les spectres sanglants des victimes pour en effrayer ses ennemis. Article abominable, qui provoqua la suspension de *la Presse*, l'arrestation de M. de Girardin, et, qui n'aurait dû avoir pour châtiment que le deuil éploré des veuves et l'éternel mépris de l'opinion ! On sait quelle a été depuis l'attitude de *la Presse* ; l'appui prêté à ce même Louis Bonaparte auquel elle a prodigué l'outrage, sa haine forcenée contre le général Cavaignac. On honorerait de tels actes en les qualifiant d'odieux : c'est moins que de la passion, c'est de la démence.

Toutefois, la rage épileptique de cet homme eut fait peu de mal au Gouvernement, si celui-ci fût entré résolument dans la voie républicaine.

Mais sur le terrain où il s'était placé, dans l'isolement qu'il avait créé autour de lui, il était impossible, avons-nous dit, que le pouvoir restât longtemps dans les traditions révolutionnaires. Si le personnel des hautes fonctions représentait encore le simulacre de la République, ailleurs se trouvaient l'autorité, l'influence ; force lui fut donc de conformer ses actes et sa politique à des principes qui ne devaient pas être les siens. Nous ne ferons point un crime à M. Cavaignac d'avoir subi cette nécessité. Son désir, selon toute apparence, le portait à déposer un fardeau bien lourd. Dans la crise qui travaillait la République, il a cru beaucoup faire pour elle que de lui ménager l'occupation des services publics.

Néanmoins, sage à plus d'un titre, ce parti était regrettable. Mieux eut valu, peut-être, sauvegarder la gloire du drapeau par une persévérance courageuse ou une retraite honorable. Il y avait, en effet, quelque honte à ne présenter des lois à la Chambre que sous l'égide de la rue de Poitiers, et à avoir constamment pour adversaires ses propres amis. Et qu'espérait-il gagner à se rendre ainsi l'éditeur responsable d'œuvres désavouées d'avance dans le for intime ? Rien ; si ce n'est d'aplanir les voies à la réaction, qui, dans le pressentiment de son triomphe prochain, se réjouissait en le voyant accepter l'odieux d'une tâche dont elle-même eut hésité à prendre l'initiative. S'il fut tombé, au contraire, avec dignité, vierge de toute concession, inaccessible à toute faiblesse, il conquérait un nouvel ascendant et devenait le centre d'une opposition compacte avec laquelle il eut fallu compter, et qui eut certainement paralysé les efforts d'une faction irrémissiblement condamnée par l'instinct et le sentiment populaires.

Ces tendances, rétrogrades à l'intérieur, devaient-elles être, au moins, compensées à l'étranger par une attitude énergique? Le Gouvernement provisoire s'était noblement posé en face de l'Europe. La politique de la France républicaine avait été nettement accusée dans l'éloquent manifeste de M. de Lamartine. Une puissante division française stationnait au pied des Alpes, impatiente de les franchir et remplie des glorieux souvenirs d'un autre âge? Or, comment le pouvoir répond-il au suprême appel de l'Italie? Lance-t-il dans les plaines lombardes nos vaillantes légions? Essaie-t-il, par une diversion salutaire, de substituer les exaltations de la gloire aux lassitudes qui nous brisent, aux sinistres préoccupations qui nous obsèdent? Hélas! plus cosaque que française, moins sympathique à la cause de la liberté qu'à celle du despotisme, en proie à la terreur du papier-monnaie, à la crainte, surtout, des lauriers dont pourrait se couvrir la République, la réaction lui crée d'autres obligations, lui commande d'autres exploits. Perpétuer l'état de siége, maintenir dans les prisons, traduire devant les conseils de guerre, devant des tribunaux improvisés, transporter des infortunés dont toute une famille attend l'existence ou qui brûlent de marcher à l'ennemi, rappeler l'escadre envoyée dans les eaux de Venise, rassembler autour de Paris, en affaiblissant l'armée des Alpes, plus de troupes que n'en ont eu nos généraux pour conquérir l'Algérie,

couvrir nos places publiques d'ignobles camps barra-
qués, approvisionner les forts de canons et de munitions de toute espèce, au risque de fournir des moyens
d'oppression à une tyrannie future ou de favoriser des
conspirations militaires ; tels sont les soins qui l'absor-
bent. Tout cela en vue de la sûreté de l'Assemblée
constituante que ne protègent pas suffisamment, tant
elle a su conquérir de force morale, 80 mille gardes
nationaux dévoués à l'ordre, 20 mille mobiles, 3 ou 4
brigades de sûreté et la nuée entière des agents de
police.

Un général intrépide; le *National*, si rogue et si hau-
tain jadis à l'endroit des lâchetés de la monarchie, devien-
nent de tristes plagiaires de M. Guizot. Et il ne s'agit
pas seulement de notre honneur engagé ! Nos plus
chers intérêts, le repos, l'avenir de la République sont
en jeu dans cette cause. Si, au moment où les soldats
de Radetzki marchaient sur Milan, trente mille Français eussent porté en Lombardie nos protestations ré-
solues, l'Autriche eut reculé, et la fédération Italienne,
sans brûler une amorce peut-être, se fut constituée sur
des bases démocratiques. Réduit à son isolement et à
son impuissance, le bourreau de Naples eut laissé s'accomplir la séparation de la Sicile. Frappés également
de cette énergique attitude, les monarques de Vienne
et de Berlin se seraient hâtés de pactiser avec leurs
peuples. Chez nous, enfin, ces grands résultats, gages

précieux du développement d'une civilisation nouvelle, auraient, en reflétant leur éclat sur l'Assemblée
et le Pouvoir exécutif, confondu les esprits dans un
sentiment d'admiration et d'espérance.

Mais aux menaçants progrès de Radetzki, notre gouvernement ne sut qu'opposer, de compte à demi avec
l'Angleterre, une médiation illusoire. Enhardie par
notre faiblesse, la camarilla contre-révolutionnaire
s'agita de nouveau en Europe. L'invasion du Milanais,
devenue le signal à la cour d'Autriche d'une réaction
despotique; Prague, Vienne, Lemberg exposées aux
horreurs sinistres d'un bombardement; les plus généreux patriotes, les plus nobles poitrines de l'Alle-
magne frappés de balles assassines ; le sac de Messine accompli en vue de nos marins immobiles ; l'assemblée constituante de Prusse, issue du suffrage
universel, dissoute par le parjure de Potsdam, sur lequel se projette au loin l'ombre des baïonnettes russes;
partout les tronçons de l'absolutisme qui se rejoignent ;
une restauration impérialiste ou royale qui se prépare.
Voilà les déplorables fruits de cette politique indécise
et lâche! L'histoire, qui flétrira la nuit du 25 août,
enregistrera comme un plus grand crime encore l'igno-
minieux abandon de l'Italie.

## VIII.

Arrivé à ce point d'abaissement, le pouvoir de Juin n'avait plus à faire à la réaction que le sacrifice des noms en attendant qu'il fût remplacé par elle définitivement. Ce sacrifice commence par l'admission aux affaires de MM. Vivien et Dufaure. Leur présence au ministère fut toutefois une chance heureuse pour M. Cavaignac. Il y avait sans doute à redouter l'émotion populaire ; elle fut contenue par le peu de regrets que causait la retraite des ministres déchus et la considération personnelle dont jouissaient leurs successeurs.

A en juger par leurs antécédents, ces anciens serviteurs de la monarchie valaient au moins autant que des républicains de la trempe de M. Sénard, qui ne s'était guère distingué que par sa fureur d'énergumène contre les idées de progrès et son scandaleux népotisme. Ni brouillons comme M. Thiers, ni fluctuants comme M. Odilon-Barrot, eux seuls, avec M. H. Passy, avaient, dans l'ancienne opposition constitutionnelle, tenu une ligne digne et réservée. M. Dufaure, surtout, avait un renom de probité et de modération qui en imposait. Si, par une prudence excessive, il avait décliné l'honneur de figurer aux banquets, son opinion sur l'urgence d'une réforme électorale était connue ; on savait aussi

qu'il avait adhéré sincèrement à la République : autant
de motifs pour les républicains de suspendre toute
condamnation avant d'avoir vu les œuvres. La bourgeoisie, d'un autre côté, oublieuse déjà des services
rendus, hésitait dans ses sympathies pour le chef du
pouvoir exécutif. Entre le peuple qu'éloignaient les
sanglants souvenirs de juin et qui ne voyait en lui
qu'un frère apostat, et la réaction ardente à le renverser, le général Cavaignac devait demeurer seul avec les
partisans du *National*. L'alliance Vivien-Dufaure vint,
par le double appui du talent et de l'influence, et en
dessinant mieux sa position de conservateur, rallier à
sa cause la majeure partie de la classe moyenne, amie
de l'ordre, et fortifier de la sorte sa candidature à la
présidence.

*La présidence!* Quel don funeste nous a-t-on fait là!
Par quelle aberration morale ou par quelle coupable
trahison a-t-on jeté parmi nous ce germe anarchique?
Quelques uns ont vu dans cette institution une imita-
tion de la monarchie, un moyen peut-être de ressusciter
cette forme, objet de leurs regrets, de leurs rêves, de
leurs espérances; un grand nombre se sont crus enga-
gés à rendre cet hommage au suffrage universel. Triste
illusion! Le peuple n'exigeait pas une telle déférence ;
il voulait une bonne constitution , et pas autre chose.

Mais serviles copistes que nous sommes, c'est à la routine, bien plus souvent qu'à la raison, que nous demandons des enseignements. En 1815, Louis XVIII rapporta d'Angleterre la monarchie bâtarde, la savante pondération de pouvoirs, préconisée par M^{me} de Staël. Notre république de 1848 empruntera aux États-Unis son gouvernement présidentiel ! Et l'on ne s'informe point si les conditions des deux pays sont les mêmes, si ce qui peut convenir à une fédération d'États sera sans inconvénients dans un état unitaire !

Directeur des affaires générales de la Confédération dont il est le lien, le président de l'Union américaine n'intervient point dans la gestion particulière des différents états. Toute usurpation lui est impossible, car il trouverait sur tous ces points et dans chaque contingent armé une invincible résistance. Chez nous, rien de pareil. La centralisation concentre nécessairement dans la même main l'administration et l'armée, l'intelligence et la force. Les départements, satellites obligés, gravitent sans puissance propre autour d'un centre unique, et il suffit dès lors d'être maître à Paris pour dominer la France entière.

La séparation des pouvoirs, ayant pour commune origine le suffrage universel, est un illogisme imprudent. Contrefaçon de ce constitutionalisme qui a englouti deux monarchies, elle crée, comme lui, et d'une manière plus fâcheuse encore, parce qu'elle est plus di-

7

recte, un antagonisme perpétuel, source de conflits et de périls imminents.

Quelques représentants ont repoussé l'indivisibilité du pouvoir pour éviter le despotisme des majorités, non moins intolérable que le despotisme des royautés absolues. Erreur profonde! Assurément, toutes les assemblées omnipotentes ont subi de déplorables entraînements; il en a été ainsi de la Convention; il en a été ainsi de notre Assemblée nationale elle-même. C'est la conséquence inévitable des époques de crise, des passions politiques surexcitées. Qui ne se souvient des cruautés *représentatives* de la seconde restauration et de la monarchie constitutionnelle? L'expulsion de Manuel, l'assassinat juridique du maréchal Ney, les lois de septembre, l'infâme jugement de Dupoty, condamné pour complicité morale, comme on condamnait au temps des Laubardemont, seront, tant que vivra l'histoire, la honte indélébile de ces assemblées.

Rien de semblable ne serait à craindre avec une situation normale et l'affermissement du régime républicain. Où jouit-on d'une sécurité plus profonde, d'une indépendance plus complète qu'en Suisse et aux États-Unis? Une majorité, issue de l'élection, agissant sous l'œil ardent du peuple, attendant de lui, dans la cessation ou le renouvellement de son mandat, son châtiment ou sa récompense, ne saurait se montrer systématiquement oppressive. N'y eut-il d'ailleurs que l'inviolabilité attachée au titre de représentant, cette prérogative des membres de la minorité suffirait pour sauvegarder les droits essentiels des autres citoyens.

Nul ne peut nier que le despotisme ne porte en lui un mérite essentiel, immense, précisément celui que l'on repousse aujourd'hui en édifiant deux pouvoirs : l'unité de vue et d'action. La perpétuité du despote, son incurie, ses vices, constituent seuls l'imperfection de ce mode gouvernemental. Transportez la puissance souveraine dans une assemblée composée des élus de la nation, cette imperfection disparaît. Dans le gouvernement de juin, la république, pour la première fois, avait rencontré sa forme véritable, à laquelle il n'a manqué que d'être définitive. Par son unité, le Pouvoir exécutif imprime à tous les services une direction suivie. Par sa subordination à la chambre, obligé de s'identifier avec elle, il en reflète la volonté qui n'est autre que celle du peuple même. Aucune velléité d'élévation ne peut contrarier son désir de bien faire ; car aux moindres tentatives de mauvais vouloir ou de rébellion il suffit d'un vote pour le faire tomber. Toute distinction de parti s'efface d'ailleurs devant la souveraineté absolue de l'Assemblée nationale. Là n'est pas seulement le progrès, là est l'ordre dans une contrée surtout que se disputent tant d'influences hostiles et de prétentions contradictoires.

Tout autre est la situation avec la présidence indépendante et quadriennale. Les représentants se donnent ainsi un rival, peut-être un oppresseur. Ses attributions sont, il est vrai, limitées par la constitution, et des cas de révocation sont admis. Mais que pourraient ces vaines formules contre l'ambition d'un homme qui, dépositaire de la force publique, des moyens de corruption, aimé de la multitude et de l'armée, pourrait, avant même que son procès fût instruit, accomplir son 18 brumaire? Encore, si l'Assemblée s'était réservé le droit de le nommer; mais non, c'est au hasard qu'elle défère cette nomination, à laquelle la fortune de la France est peut-être attachée; elle laisse aux masses ignorantes et toujours prêtes à s'engouer pour les vieux noms, qui ont jeté de l'éclat, à choisir le président de la République.

Cette élection, ainsi généralisée, ajoute, dit-on, à l'autorité et au prestige, de cette grande fonction : soit; mais ce que vous signalez comme un avantage, nous le repoussons comme un péril; car plus l'autorité du Président s'accroîtra, plus s'amoindrira celle de l'Assemblée qui devrait prédominer. Puis, quelle carrière ouverte aux espérances les plus coupables, aux compétitions liberticides ! « *Alea jacta est* », s'est écrié Lamartine dans le pressentiment de ces dangers. O poète, ô poète ! jouer sur cette carte l'avenir et la fortune de la France ! Il dépendait de nos représentants de clore l'ère des révolutions, ils ont brisé l'outre des tempêtes ! La présidence ! que de maux peuvent sortir de cette nouvelle boite de Pandore !

L'élection qui vient de s'accomplir est un triste prologue au drame qui se prépare.

Quel navrant spectacle ! Un homme, soupçonné d'ambition coupable, d'une capacité douteuse, mais protégé par une parenté illustre, se présente, et, autour du nom illustre de Napoléon, se groupent toutes les ambitions déçues, toutes les vanités impuissantes, toutes les haines qui, au risque d'inévitables bouleversements, cherchent à s'emparer du pouvoir ou à renverser la République. L'opinion éclairée posait naturellement certaines candidatures, entre lesquelles assurément la chambre se serait prononcée, si elle avait eu à élire, ce qu'elle eut fait sans appareil et sans scandale. Devant l'éclat d'un souvenir, ces candidatures pâlissent. MM. Barrot, Thiers, Bugeaud, Molé, désespérant du succès, font la courte échelle à leur proscrit d'autrefois ! A peine s'il est question de Dufaure, de Ledru-Rollin, de Lamartine même, qui, quelques mois auparavant, porté par l'unanimité des suffrages, aurait été sous tant de rapports, si digne de la présidence. Cavaignac, en possession du Gouvernement provisoire, appuyé par la légion des fonctionnaires, reste seul dans la lice ouverte.

Pour le peuple, en effet, ilote politique, l'histoire se résume dans la vie des personnages qui agissent ostensiblement et dont la tradition lui transmet la mémoire.

Il ne s'enquiert pas si Louis XIII a succédé à Henri IV
et Louis XV à Louis XIV. Aux descendants des bâ-
tards de ses héros il sacrifierait les plus hauts patriotismes et les plus rayonnantes capacités. Connaît-il leurs
élucubrations savantes et leurs poésies sublimes ? Trop
heureux, selon lui, un Thiers, un Lamartine de se
trouver les valets d'un coureur de boudoir et de ruelle !

Quels sont cependant les titres de M. L. Bonaparte à
l'investiture qu'il ambitionne ? La république n'admet à
la gouverner que les plus méritants et les plus capables ?
Quels services a-t-il rendus ? Quelles œuvres a-t-il produites ? Quelles vertus politiques a-t-il révélées ? Tenu
loin de la France par l'exil, étranger à ses mœurs, à ses
besoins, à ses idées ; n'ayant pour titre à la célébrité que
ses équipées de Strasbourg et de Boulogne, M. L. Bonaparte abrite sa candidature sous le nom victorieux de
son oncle. Mais ce nom même est-il une garantie pour
la liberté ? N'est-ce pas l'empereur qui, tuant la république qu'il avait mission d'affermir et qu'il avait juré
de défendre, entrava le mouvement ascensionnel de
l'humanité, et qui nous a légué, en échange de quelques heures de gloire, les calamités d'une double invasion, la honte de deux monarchies ? A-t-on au moins
quelque assurance des nouveaux sentiments du neveu
de Napoléon ?

Non ! tout est suspect dans sa conduite et dans ses paroles, et c'est dans les derniers jours, seulement, que

croyant sa nomination compromise, il a enfin déclaré
qu'il n'avait aucune arrière-pensée et que dans quatre ans,
scrupuleux observateur de la constitution, il remettrait le
pouvoir intact à son successeur. César, souviens-toi !

Pour cette fois, du moins, M. Louis Bonaparte aurait
dû s'abstenir. La reconnaissance envers l'Assemblée qui
lui avait rouvert les portes de la France, malgré ses
antécédents, lui en faisait une loi. Tout au moins, lui
convenait-il de repousser toute intrigue, tout moyen
captieux, toutes ces tristes roueries électorales qui perdent les meilleures causes, rendent la chute deux fois
plus lourde à ceux qui tombent, ou empoisonnent le
succès en le salissant. Il devait s'en fier exclusivement
à la spontanéité des sympathies. Sa nomination, plus
morale à la fois et plus significative, lui aurait permis
d'apprécier le degré de son influence propre et de né-
gliger des engagements susceptibles de lui créer des
embarras inextricables, d'insurmontables obstacles.
Mais grâce à la propagande qui lui avait si bien réussi
dans les précédentes élections, à des myriades de cour-
tiers colportant, en tous lieux, ses images, ses éloges
et des promesses fabuleuses; la France est devenue un
bourg-pourri, un foyer de démoralisation. M. Louis
Bonaparte n'a pas dédaigné, non plus, ni l'appui d'une
presse ignoble dont son silence le rendait solidaire, et
qui ne cessait de vomir contre son compétiteur d'atroces

calomnies , ni le déshonorant concóurs des factions jésuitico-monarchiques qui, peu délicates sur le choix des procédés , comptent bien, après l'avoir élevé par leurs intrigues, ne pas tarder à l'abattre et ressusciter, avec Henri V, leurs priviléges abolis.

M. Cavaignac, on doit le reconnaître, s'est montré plus circonspect dans ses moyens de propagande. Toutefois, sa maladroite hostilité contre le peuple ; les persécutions stupides dirigées contre les clubs et contre la presse ; son empressement trop affecté à l'égard du Saint-Père ; toutes ces mesures prélevées sur sa popularité et arrachées à sa faiblesse, sans lui concilier les sympathies des classes bourgeoises, ont éloigné de lui des suffrages républicains au profit de son compétiteur.

Oui, la question de Rome a pesé considérablement sur les résultats électoraux. C'est à tort qu'on croit, en effet, les populations rurales soumises encore à la double influence de la noblesse et du clergé. Loin de subir cet ascendant, les paysans admirent dans Napoléon la fermeté avec laquelle il a maintenu l'orgueil de ces deux castes. On conçoit, dès lors, que la manifestation inopportune de M. Cavaignac lui ait enlevé, dans les campagnes, 300 à 400 mille suffrages (1). On ne saurait

(1) Les partisans de M. L. Bonaparte ont bien compris cette

calculer encore le mauvais effet produit par l'incroyable déclamation de M. Dufaure contre la révolution romaine, par son indignation factice à l'endroit des meurtriers de Rossi. Singulier renversement d'idées, que de prétendre imposer à l'opinion, la haine pour les opprimés, la sympathie pour les oppresseurs! En France, ce pays d'expansion, il y a deux choses que l'on abhorre à un égal degré, et l'exemple de Louis-Philippe aurait dû en instruire M. Dufaure, c'est à l'intérieur l'intimidation, au dehors la couardise.

Loin, bien loin de nous, de glorifier l'assassinat. La fin déplorable de M. de Rossi appelle l'affliction de tous les honnêtes gens ; mais; nous n'admettons point, tant s'en faut, l'étrange thèse soutenue, à cette occasion, par M. Dufaure. En flétrissant, aux applaudissements de la chambre, l'assassinat politique, l'honorable représentant a plutôt tranché que résolu une question bien délicate. Il n'est, ici bas, rien d'absolu. Toutes les théories n'empêcheront pas que Brutus et Cassius vivent honorés éternellement dans l'histoire. Quel est le coupable, du scélérat qui se sert criminellement du pouvoir pour asservir son pays, ou du citoyen stoïque qui se sacrifie pour le sauver?

_____

faute; car, ils se sont soigneusement gardés de donner une grande publicité à la lettre que celui-ci avait écrite pour rassurer le pape sur ses intentions.

D'ailleurs, le rôle joué par M. Rossi diminue beaucoup l'intérêt qui s'attache à sa personne. Il serait difficile de rencontrer une impudeur pareille à celle dont a fait preuve cet étranger cosmopolite. Recueilli en France comme réfugié politique, il y devint l'objet de faveurs inexplicables : on lui crée, d'abord, une chaire à l'école de droit, puis une seconde au collége de France. Il est promu, tour à tour, à l'institut, à la pairie, au conseil d'état. La révolution le trouve, enfin, ambassadeur à Rome, où M. Guizot l'avait envoyé pour comprimer, de compte à demi avec l'Autriche, l'essor de l'indépendance italienne. Comment, sitôt la chute de l'homme auquel il dût sa fortune, a-t-il l'indignité d'entrer dans le conseil du Saint-Père, en face de la France qui a la lâcheté de souffrir cette injure ? N'était-ce pas pour devenir l'âme damnée de cette ligue impie qui a juré haine à mort à la liberté des peuples, et qui commence, en entravant la réunion des états de la Péninsule, par étouffer l'indépendance italienne, avant de relever partout, en Europe, les ruines de l'absolutisme et le vieux drapeau de l'asservissement politique ?

M. Rossi, ceci n'est un mystère pour personne, est celui qui a le plus fait pour neutraliser les bonnes dispositions de Pie IX, et arrêter les Romains brûlant de voler au secours de leurs frères lombards. Le désastre de Milan est son crime ; et c'est à la tribune française, en présence de ces faits notoires, qu'un Ministre ose traduire toute une population au banc de la civilisation, parce qu'elle ne s'est point montrée émue de la mort d'un traître, d'un renégat de sa patrie adoptive, d'un ennemi avoué de la République ! Et chose digne de remarque ! les mêmes hommes , qui jouent de la sorte, l'attendrissement et l'indignation, qui n'ont pas, dans leur parole éloquente, assez de flétrissures pour un attentat individuel, se taisent sur d'horribles meurtres qui sont de véritables assassinats politiques, car aucune pensée généreuse ne les justifie. La tribune française, ô honte ! a-t-elle eu un mot de blâme pour les tueries de Naples, le sac de Messine et les exécutions autrichiennes ?

Ces roueries parlementaires, bonnes dans l'Assemblée, n'étaient pas de nature à gagner les masses, et l'on concevra sans peine comment M. Louis Bonaparte a pu l'emporter sur son concurrent à une majorité si considérable.

L'échec de M. Cavaignac est sanglant, ajoutons qu'il est mérité : il expie de la sorte l'étroitesse et la rigueur de sa politique. Après avoir proscrit, il est proscrit à son tour. Dailleurs, rien en lui n'attire : militaire empesé, droit comme la règle, sévère comme la consigne, il lui manque, pour avoir l'étoffe d'un homme d'Etat, ce que possédait à un haut degré Napoléon : l'expansion des idées, la séduction du caractère, le don d'émouvoir. Quant à M. Dufaure, homme probe, habile, mais bourgeois dans la prosaïque acception du mot, c'est encore là une de ces natures qui appellent l'estime sans violenter les sympathies. L'un et l'autre avaient une belle chance à saisir, une noble tâche à réaliser; l'amnistie, œuvre de réparation et de clémence, aurait été saluée par la France entière, car la classe moyenne elle-même, à laquelle ils ont voulu complaire en exagérant l'ordre, n'a pas complétement étouffé la pitié sous les adorations de l'intérêt. C'était le moyen, d'ailleurs, de tomber avec dignité et d'emporter dans la retraite des consolations fécondes.

## IX.

Toutefois, entre M. Louis-Napoléon Bonaparte et le général Cavaignac, notre conscience ne saurait éprouver d'hésitation. Avec ce dernier, dont la loyauté ne saurait être suspecte, il n'y avait rien à redouter pour l'existence de la République, l'avènement du second venait tout remettre en question.

Du reste, sans attribuer à ces prévisions une importance que le chiffre imposant du scrutin augmente encore, la position de M. L. Bonaparte, sous quelque point de vue qu'on l'envisage, apparaît hérissée de difficultés. Quelle marche adoptera-t-il au milieu de tant d'exigences impérieuses et contradictoires. Le général Cavaignac, libre d'engagements, marchait

dans un sillon déjà tout tracé. Au dehors, il repre-
nait sans obstacle la politique révolutionnaire que
nos complications intérieures avaient si fatalement
entravée. Au dedans, sa nomination, en découra-
geant les partis, assurait la prépondérance à l'élément républicain. A l'abri de tentatives impuissantes;
n'ayant à faire subir aucune modification essentielle
à la direction politique et au personnel de l'administration, il pouvait, dans la mesure voulue, maintenir l'ordre, s'approprier les dévouements sincères,
favoriser les progrès raisonnables. Rien ne l'eut même
empêché, puisant la clémence dans la force, de proposer,
à certaines conditions, l'abrogation des lois d'exil en
faveur des princes Bourbons, dont plusieurs, MM. de
Joinville, de Montpensier et d'Aumale, eussent, sans
arrière-pensée, et avec toute l'abnégation généreuse de
la jeunesse, accepté, comme une faveur, cette occasion de servir le pays dont ils n'ont jamais démérité.
Le général Cavaignac vivait d'ailleurs en parfaite harmonie avec la majorité de la Chambre, dont l'appui,
dès lors respecté, entourait ses commencements, et
qu'une nouvelle élection, faite sous de pareils auspices,
n'eut pas manqué de lui renvoyer.

Tout est obstacle, tout est péril pour M. L. Bonaparte. Si des six millions de suffrages qui l'ont élevé à
la présidence, deux millions sont dus à l'entraînement,
il y a dans les quatre millions restants deux ordres de

créanciers impitoyables, à qui il lui sera d'autant moins
aisé de donner satisfaction à la fois, que leurs intérêts
se trouvent diamétralement opposés. En acceptant ostensiblement le patronage des monarchistes, il s'est, pour
ainsi dire, vendu à la réaction qui compte bien en faire
le gendarme des rois contre les peuples, le restaurateur
des titres et des priviléges. Mais si, comme Louis-Philippe et Cavaignac, que cette lâcheté a perdus, il déserte
la cause italienne et allemande, que deviendra le prestige napoléonien ? Voulût-il cependant faire revivre
les traditions de son oncle, ce désir sera paralysé de
mille façons : par les conseils, la résistance et, au besoin, les menaces de son entourage ; par l'assistance financière dont l'étranger paiera sa complaisance, et
surtout par la perspective offerte aux secrètes dispositions de sa famille de reconstituer son ancienne fortune
au moyen d'alliances princières.

La protection intéressée que lui a prêtée la faction monarchique entraîne encore, pour l'élu du 10 décembre,
de bien plus graves inconvénients. Cette faction, en
effet, se partage en deux catégories : l'une, nombreuse,
avide, chez laquelle l'amour des places et des dignités
lucratives l'emporte sur celui du drapeau ; l'autre qui,
ainsi que nous l'avons vu, infatuée de son culte et de
ses espérances, poursuit dans la nomination de M. L.
Bonaparte, la résurrection de la légitimité et le retour
d'Henri V. Pour contenter la première, il faudra opérer

de nombreuses mutations dans les fonctions publiques.
Malheureusement, quelque bon vouloir qu'on y mette,
la curée sera loin de suffire pour tous les appétits, et
l'on aura contre soi le double mécontentement des
gens tombés et des ambitieux déçus.

Quant à la seconde, son plan est arrêté, elle en a
marqué les phases et le terme, et, de plus, elle sait ce
que peut la calomnie habilement exploitée. Déjà, sa
stratégie commence à se dévoiler. Non-seulement, elle
réclame l'immédiate dissolution de la Chambre dont le
mandat serait expiré avec le vote de la constitution,
mais elle conteste la validité de ses actes, et notamment de celui par lequel elle a reconnu la République.
Issue d'un mouvement révolutionnaire, cette Chambre
n'est pas, suivant elle, l'expression sincère des vœux
de la nation. Elle espère, par un nouvel appel au peuple, et à la faveur du trouble qu'elle vient de jeter dans
les esprits, avoir une constituante à sa dévotion, comme
si l'objection dirigée contre l'assemblée actuelle n'était
pas applicable à cette constituante elle-même ! Est-il,
en effet, une manifestation quelconque de l'opinion qui
ne soit le produit d'une impression que souvent efface
une impression ultérieure, et conséquemment qui ait une
signification absolue ? La valeur d'un ordre politique et
social ne dépend donc point de l'assentiment d'une
majorité variable ; elle résulte de la solidité des principes qui en sont la base, et, à ce titre, la forme républicaine est inattaquable.

Quoi qu'il en soit, cette tactique, qui manque de moralité, ne manque pas d'adresse. Telles sont les préventions que l'intrigue a su fomenter contre la partie républicaine des représentants, qu'une élection, faite en ce moment, amènerait fatalement, comme le fait s'est produit dans les conseils généraux, les choix les plus réactionnaires. Maîtresse, alors, du terrain parlementaire et administratif, la ligue orléano-henriquinquiste marcherait à son but en s'efforçant de ruiner, par degrés, l'influence morale de M. Louis Bonaparte, dont la situation entre ces agressions réunies deviendrait intolérable.

Autre écueil plus formidable encore : les deux tiers des voix qui ont nommé M. Louis Bonaparte, proviennent des rangs inférieurs, et il est impossible de disconvenir qu'elles soient dues, en majeure partie, à l'espoir qu'ont fait naître les promesses multipliées en son nom, et ses écrits semi-socialistes distribués en tous lieux. L'ouvrier des villes attend une notable amélioration à son sort ; le paysan, le dégrèvement des charges écrasantes qui pèsent sur l'agriculture. Or, comment M. Bonaparte exécuterait-il, au sortir des orages, ce que Louis-Philippe, après dix-huit années de paix, s'est trouvé impuissant à réaliser ?

S'il suffisait, pour conjurer ce danger, pour satisfaire à ces exigences, de proclamer l'amnistie, de jeter quelques millions à l'indigence, de prodiguer les fêtes, de favoriser, par des efforts d'agiotage, l'essor de la rente et des actions commerciales, le succès ne serait pas douteux. Mais le mal qui nous travaille tient à des causes qui réclament d'autres moyens que ces impuissants palliatifs, propres, tout au plus, à l'heure des illusions d'un gouvernement qui commence, à produire un retour momentané de confiance, une excitation factice et passagère.

Ce qui pourrait plus sûrement relever le pays de sa ruine, féconder les travaux industriels et agricoles, procurer au prolétaire sa place au banquet de la vie sociale, ce sont des institutions larges et libérales. Le crédit public à réorganiser et à étendre, le système ruineux des emprunts à remplacer par des expédients moins onéreux, l'impôt à alléger par la réduction de l'armée, de vastes entreprises à créer en vue du bien-être général, l'instruction populaire à développer, à asseoir sur des bases fécondes, les secours d'une prévoyance efficace à combiner avec ceux de la bienfaisance mieux répartie : voilà, entre autres, les réformes que commandent le plus impérieusement les nécessités du présent et l'intérêt de l'avenir.

Par malheur, M. L. Bonaparte est enserré dans les liens de la vieille économie qui, personnifiée dans ce qu'on nomme la féodalité financière, n'a supporté son élévation que pour l'opposer aux tendances novatrices

et le contraindre à reprendre le cercle si déplorablement parcouru par la monarchie.

La révolution n'a pas de plus dangereux adversaire
que cette féodalité ; c'est elle qui creuse de ses mains
l'abîme où, depuis trente ans, s'engloutit la fortune de
la France ; qui, par ses clameurs calculées et ses votes
systématiques, réduisant à l'impuissance le Gouvernement provisoire et l'Assemblée nationale, a provoqué la
détresse des dix derniers mois, les sanglantes journées
de juin et tout le cortége de calamités et de souffrances
qui en ont été la suite inévitable.

Singulier amalgame d'égoïsme, de poltronnerie et
de prodigalité : en même temps qu'elle est sordide en
ce qui concerne l'amélioration matérielle et morale des
classes laborieuses, elle gaspille sans pudeur quand il
s'agit de comprimer l'élan des masses ou de sacrifier
à l'immobilité dans laquelle elle se cantonne.

Pour contenir le peuple plutôt que pour combattre l'ennemi, elle ne fait pas difficulté, par exemple, de maintenir notre armée sur un pied de guerre
formidable et coûteux, et de jeter 300 millions dans
des fortifications stériles. L'indigence des instituteurs, ces missionnaires du progrès, la trouve indifférente ; mais elle augmente avec empressement le trai-
tement des membres du clergé qui prêche la résignation.
Elle refuse 20 millions pour dissoudre pacifiquement

les ateliers nationaux ; en revanche , elle impose à l'État , avec un laisser-aller exemplaire, des emprunts écrasants et une perte gratuite de 200 millions par la conversion en rentes des bons du trésor et des dépôts de la caisse d'épargne ; ajoutant ainsi milliards sur milliards à notre énorme dette publique, millions sur millions à notre monstrueux budget.

Or, lorsqu'elle a tant fait pour maintenir ce système odieux , M. L. Bonaparte aura-t-il la puissance de transformer ses dispositions ? Cela n'est pas probable. Des résistances, à la vérité, sont à craindre. Du moment où le peuple verra se dissiper ses illusions, il pourra se révolter ; mais cette éventualité est prévue. Les troupes abondent à Paris et à Lyon ; les forts sont hérissés de canons et de baïonnettes ; le soldat répond au cri de vive Napoléon, et d'ailleurs, si quelques mutins font mine de bouger, n'a-t-on pas investi du commandement de toutes les forces militaires de la capitale, M. Changarnier , le légitimiste ; de celui de la division des Alpes, M. Bugeaud, le héros de la rue Transnonain, le bras de la pensée de Louis-Philippe ?


Oui, plus forte que la volonté humaine, la logique des événements assigne ce terme à M. Louis Bonaparte. Son mauvais destin semble le condamner à jouer la partie d'une troisième restauration , comme Cavaignac a joué la sienne à lui-même ; à étouffer dans le sang les plaintes des malheureux dont il n'aura pas pu justifier la confiance.

Une issue, toutefois, s'offre à lui, la seule : ce serait de secouer résolument le joug des castes qui s'apprêtent à le dominer, en tenant à distance des conseillers ou suspects ou sinistres, et d'embrasser sans réticence la cause de la révolution et du peuple. L'ascendant des magiques souvenirs dont il est environné le place, d'ailleurs, à cet égard, dans une position merveilleuse.

La libération italienne est un des points les plus étroitement liés au salut de la République. Il ne s'agit point d'aller soutenir à Rome une souveraineté chancelante. La Péninsule attend de notre gouvernement son affranchissement définitif, la formation d'une Fédération respectée, servant à la fois de boulevard à la France contre les coalitions liberticides et de point d'appui à l'Allemgane, et même aux autres nations de l'Europe, pour leur transformation progressive.

Cette première victoire appellerait à l'intérieur d'autres conquêtes. Il appartiendrait, par exemple, à M. Louis Bonaparte de relever de l'abaissement où un pouvoir oppresseur l'a systématiquement tenue, l'éducation générale, cette source féconde de prospérité; d'arracher, en outre, aux errements de la cupidité ou de la routine un système financier qui consomme lentement la ruine du pays. N'est-il pas déplorable, en effet, qu'en ce moment même, il soit question d'un nouvel emprunt de 500 millions, que l'on contracterait à 6 0/0 sous la garantie humiliante de la Russie ? 500 millions à 6 0/0 ; c'est-à-dire 30 millions ajoutés au chiffre du budget, 600 millions au principal de notre dette !

On avait proposé d'émettre 1 milliard de titres hypothécaires qui, tout en venant en aide à la propriété, à l'agriculture et à l'industrie, auraient rapporté au trésor un revenu de 30 millions (1), puis 1 milliard et demi de billets d'une banque nationale dont un tiers aurait été affecté aux besoins de l'Etat et les deux autres tiers à l'amortissement de 50 millions de rentes. Supposons que cette combinaison ait été adoptée. En récapitulant :

---

(1) Le papier-monnaie a été repoussé sous le spécieux prétexte qu'il n'aurait point de gage. Ce reproche ne saurait être adressé aux bons hypothécaires. Pourquoi donc cette création n'a-t-elle pas trouvé grâce devant nos représentants, quand tout le monde convient de la détresse de la propriété foncière que dévore une intolérable usure ? Aucun des motifs avancés n'est fondé. Le véritable est que les capitalistes redoutent la concurrence pour le placement de leur argent. Mais l'Etat est-il institué pour leur plus grand avantage ? Est-il obligé aux dépens du Trésor, de se rendre le dépositaire de leurs fonds, de leur en payer l'intérêt alors qu'il peut s'éviter cette peine et cette dépense, et même réaliser des bénéfices ?

Le crédit hypothécaire aurait pour effet d'augmenter le prix des terres, des rentes, et de favoriser le mouvement de l'industrie, les prêteurs actuels se trouvant dans l'obligation de chercher des voies nouvelles pour utiliser leurs capitaux.

épargne sur l'emprunt devenu sans objet 30 millions; bénéfice sur les titres hypothécaires, 30 millions; suppression de rentes, 50 millions; il en serait résulté, abstraction faite d'une diminution de 100 millions sur le montant de la dette inscrite, une économie nette et annuelle de 110 millions qui eut permis d'alléger les charges des contribuables et de réaliser une foule d'améliorations que le manque de ressources semble condamner à un éternel ajournement.

L'avantage est palpable, mais on a proscrit plutôt que jugé le système qui l'aurait procuré, et dont un pressant intérêt commanderait au moins de tenter l'expérience dans des limites restreintes et dans des proportions modérées.

Est-il besoin d'ajouter que le sort des classes ouvrières doit être la première et constante sollicitude du président de la République, de l'auteur de l'*Extinction du paupérisme*. Toute la révolution de Février est là. Il faudrait encore bénir cette révolution, quand elle n'aurait eu pour effet que de faire surgir cette immense question sociale dont la solution a été si longtemps dédaignée.

Disons ici, sans essayer d'apprécier les plans proposés pour remédier à la misère, que celui imaginé par M. Bonaparte, et qui consiste dans une sorte d'embrigadement militaire, s'il n'échappait point, peut-être, à une critique sérieuse, repose, du moins, sur une excellente donnée. M. Bonaparte veut qu'on vise à accroître la consommation intérieure. Ce principe semble avoir été pressenti par le peuple lui-même, lorsqu'il contraignit le Gouvernement provisoire à décréter l'augmentation des salaires et la réduction des heures de la journée. En elles-mêmes ces mesures seraient salutaires, fécondes; et si le Gouvernement provisoire a failli en les adoptant, nous l'avons fait observer, c'est uniquement sous le rapport de l'opportunité. Toutes deux tendraient à multiplier les consommateurs parmi les ouvriers qu'elles enrichiraient, la première directement, la seconde indirectement en leur laissant du loisir pour leurs affaires privées et en diminuant les chances de chômage. Dans l'avenir, vraisemblablement, elles deviendront le principal pivot de la réforme.

Une funeste erreur des gouvernements est d'avoir exclusivement cherché des débouchés au dehors. On s'est fait, sur les marchés étrangers, une concurrence effrénée qui ne s'est soutenue qu'au détriment de la main-d'œuvre et, partant, de la consommation intérieure. Il en est résulté que l'extension du commerce aurait pu être mesurée par le progrès correspondant de la détresse des travailleurs.

De la part de la France, dont la population est étendue et peut se suffire à elle-même, l'erreur, surtout, a été capitale. Le calcul était pourtant simple à faire :

Nous avons environ dix millions d'ouvriers. En admettant que le prix moyen de la journée dépasse de 50 centimes les cours actuels, cela constituerait, si le produit entrait dans la circulation, un surcroît de dépense quotidienne de 5 millions, soit par an, 1800 millions, somme énorme et équivalent, peut-être, au double de ce que donne chaque année le mouvement du commerce extérieur.

Ce commerce, d'ailleurs, n'en éprouverait pas un notable préjudice; car, plus impérieux, les besoins de la consommation intérieure nécessiteraient, au dehors, des approvisionnements plus considérables qui appelleraient, à leur tour, de plus nombreux échanges.

Remarquons, en outre, que les autres nations sont dévorées du même mal qui nous mine, et que si nous procédions, avec ménagement, aux améliorations dont nous avons plus haut indiqué les bases, leur intérêt les engageant bientôt à suivre notre exemple, l'équilibre ne tarderait pas à se rétablir dans nos transactions extérieures. Fallut-il, en tous cas, quelques sacrifices momentanés pour celles des industries qui auraient le plus à souffrir, le budget, allégé de tout ce que la sécurité publique permettrait de réduire dans les dépenses de l'armée, serait en état de les supporter.

On croit, généralement, que la prospérité du commerce est subordonnée à la consommation des riches: l'erreur, ici, est évidente, car l'ouvrier formant la masse, c'est seulement alors que ce dernier gagne aisément sa vie , que les affaires acquièrent leur summum de développement. Les petits marchands qui profitent avec lui, achètent à de plus gros, ceux-ci à de plus gros encore, et la vie se répand partout. A quelques variations près, la consommation des riches se maintient en tout temps au même niveau. Ajoutons du reste qu'elle s'accroît encore sous l'influence de la prospérité générale.

Ce sujet, assurément, est digne des méditations de nos gouvernants. La double mesure que nous discutons aurait entre autres avantages d'une part, de n'exclure aucun procédé économique tendant à réduire les frais de production ou d'échange ; d'autre part, de s'harmoniser parfaitement avec l'ordre social actuel qu'elle aurait pour résultat non de menacer mais de raffermir. L'application de semblables idées n'entraînerait qu'une bien faible portion des sacrifices que l'on consacre à prévenir des dangers imaginaires, si ce n'est à en engendrer de réels. Mais feront-elles fortune auprès de nos hommes d'état? A la moindre proposition de réforme, ne voit-on pas la foule des immobiles surgir pour lui barrer le passage ? Utopie ! Utopie ! s'écrient-ils , sans s'apercevoir que bien souvent leur opiniâtre résistance et leurs préjugés incurables sont le seul obstacle à la réalisation des innovations les plus importantes !

8

Les désordres dont la société est affligée n'ont pas d'autre origine que cet aveuglement égoïste. Chose remarquable, cependant ! ceux qui en sont les véritables auteurs, et dont l'éloquence aurait tant de pouvoir pour les détruire, s'évertuent à en rejeter la responsabilité sur autrui. La presse, les clubs, les doctrines subversives sont l'incessant texte de leurs déclamations. Nouveaux pharisiens, en possession du pouvoir, de la richesse, de l'influence, des principaux organes de la publicité, il n'ont pas honte, au lieu de chercher à éclairer l'opinion par une discussion libre, d'appeler les rigueurs de la justice non pas sur d'infâmes folliculaires faisant métier de calomnie et profession d'immoralité, mais sur des adversaires qui n'ont d'autre tort que d'avoir, au mépris de leur repos et de leur bien-être, sondé consciencieusement la profondeur des idées sociales.

Insensés ! L'agitation et les violences dont vous vous plaignez ne sont point la cause du mal ; elles n'en sont que l'expression. N'ayant plus de raison d'être, elles disparaîtront, dès que, par de bonnes mesures, vous aurez amélioré le sort intolérable du peuple : une société ne se suicide pas et quiconque est assuré du lendemain ne s'agite plus (1).

---

(1) Les administrations publiques offrent de ce fait un curieux exemple. Point d'employé, si bas placé dans la hiérar-

Le socialisme est le but contre lequel vont mourir ces colères. Mais pourquoi? Est-ce à une idée qu'il faut s'en prendre si, après avoir volontairement fermé les yeux à des questions imminentes, ces questions se sont produites inopinément au grand jour, et ont forcé l'égoïsme et l'indifférence à compter avec elles? Le socialisme n'est point une doctrine spéciale, arrêtée, dont le monopole relève de quelques individus. Il est antérieur à notre époque, et, tous, à l'exception d'un petit nombre de repus et de satisfaits, nous lui appartenons à des degrés divers. Le socialisme, en effet, c'est le perfectionnement indéfini de la société humaine, le resserrement plus étroit chaque jour des liens qui unissent les membres de la grande famille, l'extension incessamment croissante des bienfaits de la solidarité. Sa naissance date du moment où les hommes, faibles dans leur isolement, ont senti la nécessité de se fortifier par l'association.

Jésus en prêchant la fraternité qui brisa les chaînes de l'esclave et imposa le devoir de la charité, les protestants en affranchissant la conscience d'une autorité tyrannique, les révolutionnaires de 89, en garantissant

chie, voire même l'obscur infirmier des hospices, gagnant 12 à 15 fr. par mois, qui, instinctivement conservateur, ne se montre partisan de l'ordre et prêt à s'armer pour voler à sa défense. Cela se conçoit : ils ont le pain quotidien, et, si minime qu'elle soit, une retraite pour leurs vieux jours.

la liberté individuelle , en limitant le despotisme paternel si sujet à dégénérer en monstrueux abus ; en
décrétant l'égalité des charges publiques et le partage
égal des successions entre les enfants, ont fait du socialisme , comme nous en avons fait nous-mêmes depuis
Février, en décrétant le suffrage universel , l'abolition
des entraves fiscales sur la presse , le droit à l'assistance.

Mais sommes-nous parvenus au terme de l'évolution
civilisatrice ? Telle est la frayeur qu'inspire le seul
mot de socialisme, qu'il suffit d'en présenter l'épou-
vantail pour empêcher le vote des lois les plus salutaires. Déplorable erreur ! toute amélioration étant un
pas accompli dans le socialisme, n'est-il pas évident ,
qu'il n'en est aucune qui ne dût être proscrite comme
entachée du même vice ? L'argument qui s'appuie sur
la tendance socialiste d'une proposition est donc sans
valeur. Il s'agit seulement d'examiner si cette proposition est acceptable, sans s'inquiéter des conséquences
dont elle pourra être susceptible dans les générations
futures ; car nos descendants, sans nul doute, consi-
déreront comme favorables une foule de changements
qui contrarieraient nos idées et nos mœurs actuelles.
Dans sa marche ascensionnelle , la solidarité marque
différents degrés avec lesquels coïncide l'accroissement
du bonheur commun ; mais de ce que quelques favoris
de la fortune ou de la puissance se contenteraient du

niveau qui subsiste aujourd'hui, serait-ce une raison pour ne pas l'élever au profit des masses dont l'existence est insuffisamment protégée ?

Ces réflexions nous ramènent à M. L. Bonaparte. Une magnifique carrière s'ouvrirait pour lui s'il avait le génie qui sait entrevoir et la foi qui transporte les montagnes ! La détresse n'est pas seulement dans la mansarde. En proie à un douloureux antagonisme, toutes les classes de la société souffrent du malaise universel. Combien de riches natures s'étiolent dans l'inaction de leurs regrets superflus ! Que de milliers d'individus instruits, capables, laborieux végètent à l'aventure, sans emploi qui les fasse vivre, sans horizon, sans lendemain ! La jeunesse elle-même, à plus forte raison l'âge avancé et la vieillesse, sont ainsi victimes d'une organisation sociale sans prévoyance, qui frappe de stérilité tant de forces vives, qui laisse subsister tant de tortures physiques, d'angoisses morales.

Quel immortel honneur pour M. L. Bonaparte, si, pénétrant dans les voies qu'a tracées la civilisation moderne, que lui indiquent à la fois l'humanité, la science et le soin de son avenir, il parvenait, par d'énergiques efforts, à ranger les esprits divisés sous le drapeau de la conciliation et de l'amour du progrès; si, créant une issue inaccoutumée à tous les talents, à toutes les ardeurs, à toutes les générosités, il réussissait à tarir la source profonde de la misère publique ! Son nom pren-

drait place à côté de celui de Wasingthon. En quatre
ans, il ferait plus pour sa renommée que l'empereur
Napoléon en vingt ans de batailles ; car, il accompli-
rait, au moyen de conquêtes pacifiques le programme
que l'abbé Maury avait eu la hardiesse de tracer au
brillant vainqueur de l'Egypte et de l'Italie.

Malheureusement, tout annonce déjà que, trop fidèle
à ses antécédents, M. L. Bonaparte ne saura chercher
une telle gloire. Dans son discours d'installation, il a
dit : «ni utopistes, ni réactionnaires. » Cependant à
peine aborde-t-il le pouvoir, qu'il se livre à la réaction. Une coterie lui donne un ministère antinational :
il l'accepte, il le subit plutôt qu'il ne le nomme ; un
portefeuille important est abandonné au jésuitisme
dans la personne de M. de Falloux. Les partisans de la
vieille forme économique sont appelés à régir les destinées d'une ère politique nouvelle. M. Bonaparte lui-
même, tout enivré d'un passé mort, s'affuble de gue-
nilles glorieuses et d'oripeaux impérialistes. Il affecte
un costume militaire qui ne lui appartient pas ; se pare
de la plaque de la Légion-d'Honneur, qu'il a ramassée
dans son berceau et semble faire dès l'abord, par une
apostasie républicaine, du fauteuil de la présidence un
acheminement à ce titre d'empereur, qu'un je ne sais
quel sénatus-consulte lui aurait légué. Ou c'est là une
exhibition niaise, ou un commencement de trahison !
Telle est l'influence de ces préoccupations puériles

que le Président de la République oublie le sentiment de sa propre conservation. Il admet, par exemple, à composer son entourage des hommes qui, pour la plupart, créatures avouées des précédents régimes, sont ses irréconciliables ennemis et ne flattent ses goûts que pour s'emparer des places et arriver plus sûrement à le perdre. L'amnistie devait être accordée pleine, entière, sans restriction. Inauguration indispensable de son avénement, elle eut été surtout la réalisation d'une promesse sacrée. Mais cette mesure salutaire, et qu'un prochain avenir rend inévitable, eut raffermi l'ordre, en popularisant sa personne. Or cela n'entre pas dans les vues des partis qui le dominent. Aussi ont-ils eu soin de le circonvenir à l'aide d'appréhensions chimériques; il marchande l'amnistie, il hésite, il a peur, compromettant de la sorte le fruit qui s'attache à un acte réparateur, accompli dans des circonstances opportunes, et avec l'élan spontané du cœur.

Une tactique analogue lui fait également envisager avec effroi, lui montre comme un obstacle à ses désirs, les réunions libres et la presse; et, comme ses prédécesseurs, il persécute l'idée qui finit toujours par emporter les insensés qui tentent de l'étouffer (1).

_____

(1) L'inviolable respect du droit des citoyens est la première condition d'un bon gouvernement. Un fil d'araignée, nous disait l'autre jour un fou avec beaucoup de sagesse, suffit pour diriger le peuple. L'oubli de ce principe a tué tous les pou-

O imprévoyance humaine! Serait-il vrai que M. Bonaparte songeât à une restauration impérialiste? Son sort ne serait pas moins à plaindre que celui de la France. Président consciencieux, travaillant selon ses forces au bonheur de ses concitoyens, il traverserait

---

voirs. Charles X dut son exil à la violation de la Charte qu'il avait jurée; pareil sort atteignit Louis-Philippe pour avoir menti à son origine. Il en a été de même de la Commission exécutive et de M. Cavaignac. Qui ne s'afflige des défaillances de M. de Lamartine, reniant de plus en plus ses généreux antécédents? M. Dufaure avait puisé dans sa réputation de loyauté une force morale dont il a méconnu la cause et qu'il a compromise en essayant de l'intimidation et de l'arbitraire. Quant à M. Barrot, dont la vie publique avait eu quelque relief, depuis la révolution, et surtout depuis un mois, il est tombé dans l'opinion au-dessous des Guizot et des Duchâtel. S'associer dans le ministère avec M. de Falloux! Et M. H. Passy, caractère sérieux, qui tolère cette alliance!

Tous ces hommes, en vérité, sont saisis de vertige. Le droit de réunion, la liberté d'écrire, irrévocablement conquis en février, ont été sanctionnés par la Constitution. Et néanmoins, les opinions, les théories sont poursuivies encore comme aux beaux temps de l'inquisition; on suscite aux clubs de tristes chicanes, on menace de les supprimer, on frappe la propriété, en ruinant par d'exhorbitantes amendes de fragiles entreprises, on torture enfin dans leur corps et dans leur esprit des malheureux coupables d'avoir des convictions ardentes. N'est-ce pas là une conjuration impie? Et, chose incroyable! ce sont ceux qui sont appelés à faire respecter la Constitution, qui les premiers s'appliquent à la démolir, ceux dont l'intérêt serait d'être conciliants, qui donnent le pernicieux exemple de la provocation!

vraisemblablement sans difficultés sérieuses la période que lui assignent ses fonctions. L'approbation générale lui tiendrait lieu de baïonnettes ; les mauvaises passions contenues par la droiture de son gouvernement ; les ambitions usurpatrices découragées par l'exemple de sa discrétion , il rentrerait dans le repos de la vie privée, avec la douce satisfaction d'avoir rempli son devoir, et entouré de l'estime universelle. Au bout de quatre ans, une réélection assurée lui donnerait un gage flatteur de la reconnaissance du pays. Puissante enfin et honorée , sa famille éclipserait les pâles familles des rois de l'Europe.

Conspirateur, au contraire , combien toute cette scène change ! L'intrigue absorbe tous les moments, toute l'attention qu'il devrait consacrer au bien public. Au préjudice de nos plus chers intérêts, il mendie des princes étrangers pour opprimer la patrie , un appui qu'il leur prête à son tour pour favoriser l'oppression des autres peuples. Dans ses conseils, les hommes prudents et dévoués font place aux ambitieux, aux brouillons , toujours disposés, pour le succès d'avides espérances , à ourdir les trames les plus coupables. Sa vie dès lors est semée d'écueils, de tribulations, de luttes. En opposition avec les sentiments et les vœux de la nation , il est obligé de s'avancer sous l'égide du sabre entre la trahison et le poignard; la division continue de régner dans les partis , la fermentation dans les masses. L'échec dans une telle voie, est presque inévitable. M. Bonaparte réussît-il d'ailleurs à faire revivre l'empire, cette exhumation n'aurait qu'un jour ; une chute honteuse suivrait de près le parjure ; car on ne refait pas l'histoire, on n'efface pas le temps, on n'arrête pas les idées.

Si M. Bonaparte pouvait partager, à cet égard, la conviction qui nous anime, il n'hésiterait point, assurément, sur la marche à suivre. Renonçant, à l'heure même, à toute pensée séditieuse, il s'appliquerait à rendre la République grande et prospère ; il sentirait la nécessité d'appaiser par une déclaration franche les appréhensions provoquées par ses allures mystérieuses; au lieu de nouer avec les souverains des relations liberticides, il chercherait sa force dans l'alliance des peuples; cessant, enfin, d'éluder des mots dont sa plume a peur, il s'efforcerait de réaliser cette devise admirable, qui contient toute la science politique, humanitaire et sociale, toutes les aspirations, tous les devoirs et tous les droits :

Liberté! Égalité! Fraternité!

---

Trois événements ont surgi depuis l'achèvement de ce travail : la publication de la *Démocratie en France*, la promotion de M. Boulay (de la Meurthe), à la vice-présidence de la République, et le renvoi devant la haute cour nationale, à Bourges, des accusés de mai.

Nous ne dirons qu'un mot du livre de M. Guizot. Cette belle déclamation est l'œuvre d'un vaste orgueil humilié, d'une immense ambition rentrée ; on la croirait profonde dans sa forme sentencieuse ; elle n'a pour fondement que des subtilités vagues et de pauvres sophismes. Après avoir pendant huit ans pratiqué la corruption sur une si large échelle, et poussé le cynisme jusqu'à faire obtenir douze places rétribuées à un de ses favoris, l'austère puritain, au lieu de se renfermer dans un silence décent, ou de confesser humblement ses torts, ôse relever la tête, et d'accusé devenir accusateur. Dans l'état de division et de trouble ou ses pareils ont plongé le pays, il croit le moment opportun pour surnager encore. Ayons pitié de sa triste monomanie.

M. Boulay (de la Meurthe) n'a pas des idées sociales très avancées ; mais il a prononcé, après sa nomination, une allocution noble et digne, dans laquelle on s'est plû généralement à reconnaître un cœur loyal et sincère, à trouver de rassurantes garanties ; il est de plus intime de M. Bonaparte, dont l'intérêt, bien entendu, se confond avec celui de la République. Du reste, M. Boulay (de la Meurthe) est un ami dévoué et éclairé de l'éducation populaire. Or dans notre opinion, c'est surtout aux progrès, à l'organisation de cette éducation, que se trouve lié le sort de toutes les améliorations qui importent au bonheur, et à la prospérité de la France.

Quant aux renvoi des accusés de mai devant la haute cour, nous ne pouvons voir dans cette mesure, qu'une iniquité monstrueuse, anti-patriotique, et un symptôme pronostique des discordes et des calamités qui nous menacent. Oh ! que l'assemblée, plus intelligente n'a-t-elle répondu à la demande d'un ministère prévaricateur par cette autre mesure, gage d'une conciliation si désirable. *Amnistie ! Amnistie !*

FIN.